武汉快速路体系规划与建设

武汉市规划研究院 编著

武洁 刘凯 焦文敏 王岳丽

中国建筑工业出版社

审图号：武汉市S（2023）040
图书在版编目（CIP）数据

城市动脉：武汉快速路体系规划与建设／武洁等编著. —北京：中国建筑工业出版社，2023.9
ISBN 978-7-112-29079-6

Ⅰ.①城… Ⅱ.①武… Ⅲ.①城市道路—快速路—公路规划—武汉 Ⅳ.①U412.37

中国国家版本馆CIP数据核字（2023）第165220号

责任编辑：刘　丹
书籍设计：锋尚设计
责任校对：王　烨

城市动脉

武汉快速路体系规划与建设
武 汉 市 规 划 研 究 院　　　编著
武　洁　刘　凯　焦文敏　王岳丽

*
中国建筑工业出版社出版、发行（北京海淀三里河路9号）
各地新华书店、建筑书店经销
北京锋尚制版有限公司制版
北京富诚彩色印刷有限公司印刷
*
开本：889毫米×1194毫米　1/16　印张：14¼　字数：333千字
2023年12月第一版　2023年12月第一次印刷
定价：**188.00元**
ISBN 978-7-112-29079-6
（41073）

版权所有　翻印必究
如有内容及印装质量问题，请联系本社读者服务中心退换
电话：（010）58337283　QQ：2885381756
（地址：北京海淀三里河路9号中国建筑工业出版社604室　邮政编码：100037）

本书编委会

主　编

武　洁　刘　凯　焦文敏　王岳丽

参编人员

（按姓名首字母排序）

邓　帅　黄兰莉　雷雨萌　吴俊荻

王　華　姚　霏　邹　芳

前言 Foreword

　　至 2023 年底，随着最后一条快速射线逐渐成型，武汉市主城区规划的"三环十五射"快速路系统已全部落地。武汉市完整的环射快速路网体系规划最早成型于 1996 年版的城市总体规划中，向前则可以追溯到 20 世纪 60 年代过江通道的布局规划，到如今主城区快速路系统蓝图得以实现，已历经数十年，见证了数代人的努力和付出。武汉市规划研究院交通规划团队是武汉市快速路网从系统规划到实施方案全流程的主要参与者和见证者，编写组成员均直接参与了武汉市快速路网的规划建设，记录了这座超大城市快速路网形成的历史，既是出于职业热情与规划人的使命感，也是对几代交通规划人职业生涯的回顾和展望。

　　本书既是对武汉市快速路体系规划与建设的全面总结，也是从城市角度对快速路的起源、发展、走向的综合审视。希望本书既可以成为规划专业人员的参考书籍，也可以作为大众了解城市快速路的科普读物。全书的写作遵从三项原则，即学术性、实用性、易读性。学术性主要体现在两个方面：一是不同于传统上偏向工程技术标准层面的快速路相关研究，本书从城市发展的角度研究总结快速路的发展历史，从城市规划经典理论中探究快速路理念的形成与发展；二是在关于城市交通发展策略、快速路系统规划、实施性规划各章节的相关探讨中，都把快速路理论放在特定的城市发展阶段中去考量。实用性旨在通过武汉市快速路体系规划建设的经验梳理和总结，为其他城市快速路的规划建设、业内人员的设计工作提供有价值的参考，本书各章节内容各有重点且逻辑独立，覆盖了快速路从规划理念、交通发展模式、体系规划到保障规划全流程，城市规划从业人员可以通读全书，也可以按需分章节阅读。易读性是指便于非专业人员阅读和理解，本书以较为轻松的叙述方式结合案例解说，从建立城市发展与交通效率的关系着手进入主题，各章节尽可能地通过实例介绍系统规划遇到的挑战、规划设计的重难点，便于对城市快速路体系的规划与建设形成形象的理解。

具体内容分为五个篇章。

第一篇为城市与快速路相关理论以及武汉城市总体概况介绍，包含两个章节。第1章通过不同历史阶段城市规模与交通方式的同步演变推导，引出城市的时间维度概念，说明快速路对适应城市发展的必要性；再探究城市规划与建设的理论沿革，快速路理念一直就是城市概念的内在组成部分；对比分析国内外快速路体系发展的区别与联系，阐明国内大城市快速路建设的特点。第2章从交通角度介绍武汉市概况、交通策略与快速路现状，方便读者快速形成武汉总体认知。

第二篇为城市快速路体系规划相关内容，包括三个章节。第3章讨论超大城市交通发展策略，介绍武汉市快速交通的路径选择与发展目标；第4章从环线、射线、立交以及辅助体系等方面全方位介绍武汉市快速路体系规划及其发展；第5章介绍快速路体系用地控制的原则及关键因素。

第三篇为城市快速路的保障与实施，包含两个章节。第6章介绍了武汉快速路系统的实施策略，包括总体建设时序安排以及快速路体系从规划到落地的推进机制；第7章介绍了快速路总体规划方案、修建性详细规划等实施性规划的编制流程与内容。

第四篇为武汉市快速路体系规划建设的经验总结与案例介绍，包含三个章节。第8章评估了武汉市快速路系统的建设与运行情况；第9章总结了武汉市快速路体系规划的成功经验；第10章介绍了快速路实施过程中的创新理念与典型案例。

结语部分探讨了城市未来快速交通发展方向及规划策略。

目录 Contents

前　言

第一篇
城市与快速路

01 快速路发展简史 / 002
1.1　城市：速度成就规模 / 002
1.2　快速路理论的演变和诞生 / 010
1.3　快速路体系的实践与发展 / 015
1.4　当前快速路相关规范要求 / 025

02 武汉城市与交通发展概况 / 029
2.1　交通引导的城市空间变迁 / 029
2.2　武汉路网的演变与快速路体系概况 / 043

第二篇
系统布局规划

03 武汉快速交通发展模式 / 054
3.1　城市快速交通的实现方式 / 054
3.2　武汉市快速交通发展模式 / 059
3.3　快速路体系规划的核心目标 / 063
3.4　快速路体系规划的技术路线 / 064

04 武汉市快速路体系布局 / 066
4.1　快速路系统布局 / 066
4.2　快速路环线规划与特色 / 072
4.3　快速路射线规划与特色 / 080
4.4　立交节点规划 / 085
4.5　辅助体系构建 / 087
4.6　建设形式与标准 / 091

05 快速路体系用地控制 / 096
5.1　一般城市道路用地控制因素 / 096
5.2　快速路体系用地控制的关键因素 / 098

第三篇
保障与实施

06 快速路系统的实施策略 / 110
6.1　武汉市快速路总体建设时序 / 110
6.2　快速路建设时序选择的关键因素 / 112
6.3　快速路建设推进机制 / 123

07 实施性规划的编制 / 125
- 7.1 实施性规划编制阶段 / 125
- 7.2 总体规划方案研究 / 126
- 7.3 修建性详细规划 / 132

第四篇
武汉经验
——快速路系统评估与总结

08 快速路系统的建设与运行评估 / 142
- 8.1 快速路总体建设情况评估 / 142
- 8.2 快速路运行效果评估 / 151
- 8.3 快速路系统构建复盘与思考 / 158

09 武汉市快速路的实施经验 / 172
- 9.1 规划理念层面——协调发展、集约共享 / 172
- 9.2 系统布局层面——融合城市山水格局的布局创新 / 176
- 9.3 技术标准层面——兼顾规范标准与实际条件的灵活规划 / 181
- 9.4 实施保障层面——全流程规划协调，保障技术传导 / 184

10 创新理念及典型案例 / 188
- 10.1 交通引领城市发展 / 188
- 10.2 交通用地融合发展 / 191
- 10.3 交通生态共享 / 200

结语

11 快速路发展展望 / 210
- 11.1 全球性城市的交通发展方向 / 210
- 11.2 武汉市快速交通的发展展望与规划预留 / 212

第一篇
城市与快速路

01
快速路发展简史

02
武汉城市与交通发展概况

01

快速路发展简史

1.1 城市：速度成就规模

"交通"一词，上可追溯至《易经》"天地交而万物通"，含义宏阔深远。本书仅取其往来通达之意，讨论城市交通出行。

1920年《雅典宪章》提出城市四大基本功能为"居住、工作、游憩、交通"。其中，交通又是城市各项功能的基础，交通方式、交通效率不仅影响着城市的正常运转，也决定着城市空间格局的变化。勒·柯布西耶（Le Corbusier）曾在《城市规划设计》一书中断言："拥有速度的城市将赢得成功。"随着城市发展日新月异，城市规划设计中的功能主义已历经革新与扬弃，但交通效率对城市发展的决定性影响却越来越显著。

1.1.1 城市的时间半径

全球城市数以万计，各城市的空间形态千差万别。以常用的人口规模衡量，不仅大、小城市的空间尺度差距可达数十倍，同等规模的城市之间也是形态各异。但如果以出行时间为尺度进行度量，就会发现这些形态各异的大城市之间竟然存在着几乎一致的出行时间半径。

借鉴经典物理中的速度距离公式，我们可以将城市规模、时间半径与交通速度三者之间的关系简化为以下公式表达：

> 城市规模（物理半径）＝ 时间半径 × 交通速度[①]

从公式可以清晰地看出，在时间半径存在天然上限的情况下，交通速度便成为决定城市居民日常最大出行距离的关键因素，也决定了城市空间拓展的最

---

① 实际上城市各方向的发展并不是完全均匀的，为便于分析，对上述公式作出如下界定和简化：城市规模是指城市建成区的物理半径，即从城市几何中心位置到城市建成区外围的平均距离；时间半径是指选择大众化交通工具，完成从城市几何中心到城市外围出行所需的时间，其上限是城市居民能够接受的最大通勤单程出行时间；交通速度是指大众化交通方式可实现的实际出行速度。

大尺度。下面对国内外两组典型城市案例的分析,以便更直观地了解交通速度与城市规模紧密的"正相关"的关系。

1.1.2 城市规模与交通速度的同步增长

案例一 盛唐长安城与清中期北京城的规模对比

唐长安城(图1-1)与清北京城是我国历史上两个极具代表性的城市,也是各自时期城市建设的集大成者。唐代长安城与清代北京城,在时间的轴线上相隔千年之久。但由于两个朝代的交通速度始终囿于人畜力级别,两座城市在空间规模尺度上保持了高度的相似,可谓"世上已千年,帝都如一日"。

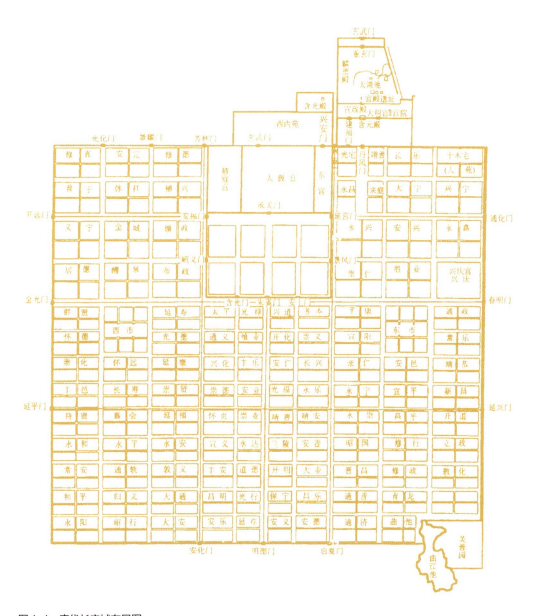

图 1-1 唐代长安城布局图

图片来源:李德华. 城市规划原理 [M]. 3 版. 北京:中国建筑工业出版社,2001.

唐长安城南北长 8651.7m，东西长 9721m，面积 84.1km²，比同时期的拜占庭帝国都城君士坦丁堡大 7 倍，古罗马城规模也仅有其 1/5，至唐代武周时期（公元 690—705 年），长安极盛，城中人口达百万之众。当时的长安城是世界上最大的城市，从交通角度来看，唐长安城规模已触及这一时代的上限。根据《唐律疏议》记载，长安城禁止"无故于城内街巷走车马"[①]。这座世界第一大都市的居民出门大多依靠步行，仅少数达官显贵可乘车马；车马虽有代步之用，却不能疾驰，承担不了大众意义上的"交通"功能。按照平均 4～5km/h 的步行速度，在唐代长安城的规模下，从城市几何中心走到城市外围需要约 1h，这就是唐代长安城的时间半径。

时间穿梭至千年以后，清北京城依然限制在这个时间半径内（图1-2）。明永乐年间（公元 1403—1424 年），在前朝遗址上兴建的北京城只有内城，南北长约 5.5km，东西长约 6.5km；至嘉靖三十二年（公元 1553 年）始增筑外城，但仅完成南侧部分，最终形

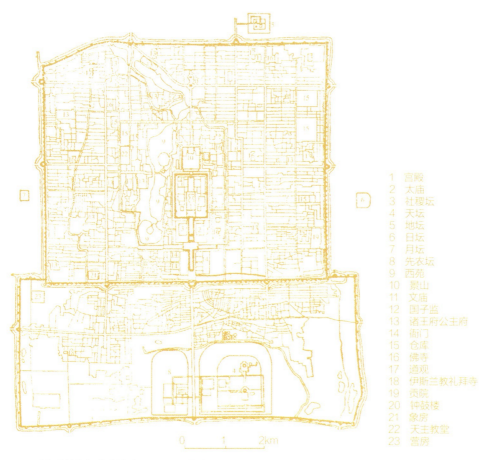

图 1-2　清朝光绪年间北京城（公元 1875 年）
图片来源：庄林德，张京祥. 中国城市发展与建设史 [M]. 南京：东南大学出版社，2002.

---

① 《唐律疏议》卷26 "无故于城内街巷走车马" 条规定："诸于城内街巷及人众中，无故走车马者，笞五十；以故杀伤人者，减斗杀伤一等。杀伤畜产，偿所减价。余条称减斗杀伤一等者，有杀伤畜产，并准此。"

成了老北京城"凸"字形格局并延续至清末。扩展后的老北京城，南北长轴8.5km，东西短轴最宽处8km，面积62km^2，北京城人口在清光绪八年（公元1882年）达108万之多，说明城市有着规模扩张的需求，但城市空间尺度甚至比唐长安城还略小了一些。从交通角度来看，原因就在于明清两朝，老北京城内绝大多数居民出行依然是步行为主，从时间维度来看，以城市长轴计算，从城市几何中心到边缘的距离约4.3km，城市的"时间半径"也几乎是1h。

从唐朝至清朝，跨越了漫长的10个世纪，全国人口总数从约8000万增长到3亿，但最大城市的空间尺度却基本维持不变，其中的关键限制因素就是城市大众化的交通速度没有提升。清代北京城依然处于工业化之前，交通速度依然受限于人力，出行速度在城市空间上的分布均匀而缓慢，导致集聚到城市中的人们只能单纯依靠空间近邻关系维持社会交往、实现城市功能，落后的交通速度已无力支撑城市规模的进一步扩张。

案例二 伦敦——交通开启加速度，城市规模日新月异

伦敦是工业革命的先驱，也是城市交通从人、畜动力向机械动力进化的先锋城市。城市格局随交通变迁而扩张，清晰展示了速度提升对城市扩张的巨大促进作用。

18世纪之前，伦敦的城市规模始终落后于同时期中国的大城市，翻阅历史，伦敦自1300年到1800年长达500年的时间里，城区长轴尺寸仅从2.6km扩展到不足8km，人口规模也没有突破100万。19世纪工业革命后，蒸汽动力迅速普及，轮船、铁路、有轨电车、地铁等现代交通工具先后出现，城市交通速度不断攀升，伦敦城市空间尺度和人口规模进入扩张快车道，在1831年成为世界上最大的城市，至19世纪末期城市人口规模已超过600万，直到1925年才被纽约超越（表1-1）。

第一次世界大战后，经济衰退引发了大规模失业问题，迫使伦敦市政府通过大规模新建城市道路等措施来稳固劳动力市场，仅在1920~1924年伦敦交通局就筹划了190mi（约305km）的道路建设项目。1935~1940年规划的新工程项目延伸了多条地铁线，伦敦城市快速公共交通实现了网络化，为劳动力要素流动提供了廉价高效的交通方式；大规模的道路资源供给加速了私人小汽车的普及，实现了郊区与中心城区的快速交通联系，促成了以1944年大伦敦规划为代表的多轮卫星城建设，极大地拓展了城市格局，伦敦最终成长为世界顶级的大都市区，通勤半径达到约30km。从物理尺度看，自1300年到2000年，伦敦的城市空间半径增长了约12倍；但从时间尺度看，城市时间半径仍然维持在1h以内。

伦敦城市交通速度与城市规模发展阶段[①]　　　　表1-1

交通阶段	典型年份	交通发展标志性事件	大众交通速度	城市规模（长轴半径）	城市时间半径
人畜力时代（18世纪之前）	1300年	步行为主	5km/h	从1.4km到4km	从20min拓展到近1h
	1750年	步行为主			
	1799年	步行为主，出现公共马车			
蒸汽动力—电气动力出现（19世纪初至"一战"）	1836年	第一条铁路开通	13~16km/h（8~10mi/h）	约12km（1913年）	35~50min
	1863年	第一条地铁通车			
	1890年	第一条电力深层隧道（地铁）			
	1901年	第一辆有轨电车，电动公共交通工具开始取代蒸汽、公共马车			
	1902年	伦敦电气铁路公司成立			
现代化交通（公共交通网络化，私人小汽车普及）	1933年	伦敦客运委员会成立，标志着公共交通统一化运行（随后发展为1984年的伦敦区域交通局、2000年的伦敦交通局）	—	大伦敦25~30km	约1h，形成了大都市区通勤圈
	1944年	阿伯克隆比"大伦敦规划"编制完成，覆盖大都市区，规划范围半径达到50km	—		
	"二战"后	私人小汽车迅速普及（1950年英国汽车保有量约400万辆，至2010年增长至3400万辆）	大规模建设高等级道路，以1960年规划环射路网为高峰（未实施完成）		

纵观当前世界各大城市，虽然城市的空间尺度、形态各异，但各城市通勤时间的上限基本上处于60min内，在时间半径上具有相似性。相关研究表明，城市规模越大，居民可以接受（也许叫"忍受"更为贴切）的出行时间也越长，但如本节开篇所讲，受到自然条件限制，通勤时间始终有其合理的上限。根据住房和城乡建设部城市交通基础设施监测与治理实验室、中国城市规划设计研究院、百度地图慧眼联合发布的《2020年度全国主要城市通勤监测报告（通勤时耗增刊）》的研究分析，中国36个主要城市的单程平均通勤时耗为36min，北京市单程平均通勤时耗最长，达到47min；36个主要城市仅13%的人口单程

[①] 不同时代伦敦城市规模数据系作者多方查阅历史信息整理而成，感兴趣的读者可以查阅维基百科、Londonist、Layers of London等网站查询各时代伦敦城市地图。

通勤时耗超过 60min。正是在时间半径的天然制约下，城市的发展对快速交通有着执着的追求[1]。

1.1.3 历史上的快速交通

回顾中国悠久而光辉的交通发展史，在规划、工程层面，均有着对交通速度的执着追求。著名的《周礼·考工记》中，关于城市布局规划已经有了对主要道路的特殊要求——"国中九经九纬，经涂九轨"，对主要道路的数量、线形、宽度提出了要求。但受城市规模以及交通动力的限制，古代城市设置干道更多的是出于礼仪、格局层面的考虑，城市内部没有快速交通的需求。相反，由于国家地大物博，对城市与城市之间、长距离跨区域的交通效率一直有着强烈的需求，由此诞生了一系列波澜壮阔的"快速交通"工程，其中著名的有西周的周道、秦代的驰道与直道。

周道如砥，其直如矢——西周周道

西周是一个由流动迁徙到固定居住、由兼并小部族到占据黄河流域广大地区的王朝。西周初期大封子弟亲戚为诸侯，试图建立以周王（天子）为中心、以血缘关系为纽带的政治军事联盟，保卫周室的同时对新占领区进行征服、掠夺和扩张[2]。西周建国后，为了有效地发挥丰镐与洛邑的政治中心和经济中心作用，周人在镐京与洛邑之间修建了一条宽阔平坦的大道，号称"周道"，与今陇海线中段的走向基本一致[3]。此后，周人以京洛线为主轴，西部以丰镐、东部以洛阳为中心分别向外又修建了多条放射线，形成了四通八达的交通网络，成为当时周王室强化其全国政治经济控制的媒介。

周道是周王室的命脉所在，是国家的交通中轴线。周秦汉唐的经济文化重心都是在这条轴线上，即使在宋元明清以后，西安—开封一线也仍然是横贯东西的大动脉，对我国经济文化发展具有积极的促进作用[4]。

东穷燕齐，南极吴楚——秦驰道

秦朝是中国历史上第一个统一的封建王朝，版图涵盖黄河中下游、长江中下游和珠江流域，规模空前。为维护国家安定统一，加强对全国各地的集权控制，政令畅通尤为重要。秦王朝在建立中央集权郡县制的同时大兴水陆交通建设，筑驰道、修直道、开灵渠、凿栈道，在极短的时间内建成了通达全国的交通网。

---

[1] 根据 NUMBEO 网站统计的 2021 年世界城市交通指数（2021 年 5 月份数据），目前世界各大城市通勤时间最长为 66min。通勤时间最长的城市排名中，上海、北京分别以 46min、48min 的通勤时间排第 26、32 位。
[2] 中国公路交通史编审委员会. 中国古代道路交通史 [M]. 北京：人民交通出版社，1994.
[3] 陈鸿彝. 中华交通史话 [M]. 北京：中华书局，2013.
[4] 同[3]。

秦驰道是专供皇帝巡游行驰的御道，以咸阳为中心连接各郡县，辐射四面八方（图1-3）。根据《汉书·贾山传》中对驰道的描述"为驰道于天下，东穷燕齐，南极吴楚，江湖之上，滨海之观，毕至。道广五十步，三丈而树，厚筑其外，隐以金椎，树以青松"，可以看出，驰道不仅覆盖面广，路幅宽阔，而且路权清晰，基础坚实。考古工作者曾在秦咸阳北墙以北发现西南—东北走向的交通干道，断面宽度大多在40～50m，最宽处约54m，路面呈鱼脊状，中间高于两侧10～15cm，路土层厚5～15cm，南北两旁均为淤泥，类似于现在的排水边沟，从道路的建设形式和线形走向来看，很可能属于驰道[1]。至于"三丈而树"，则有两种解读。一种认为是沿驰道两侧每隔三丈栽种树木，既能起到遮阳的作用，又可作为记录里程的标志。另一种则认为中央三丈为天子之道，通过树木将驰道划分为三个部分，王先谦的《汉书补注》中提出，"王先慎曰：'三丈，中央之地，惟皇帝得行，树之以为界也。'〈三辅黄图〉云：'汉令：诸侯有制，得行驰道中者行旁道，无得行中央三丈也。不如令，没入其车马。'盖沿秦制。"按照后一种解释，驰道可能是最早出现的具有分隔带的道路，虽然路权划分的规则依据充满了浓重的专制色彩，实际上这种分隔设置也是保障路权、快慢分离的体现。

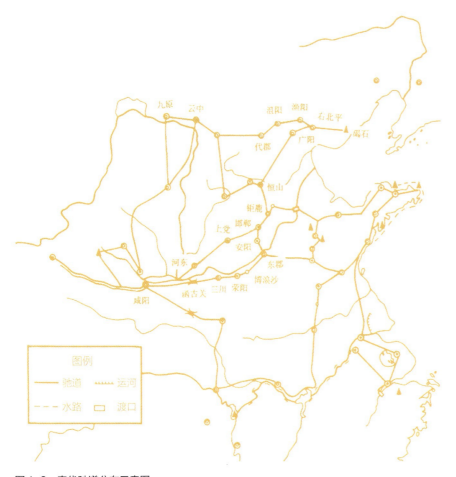

图1-3　秦代驰道分布示意图

图片来源：魏继生. 秦汉时期道路交通发展述评[D]. 西宁：青海师范大学，2012.

---

[1]　王子今. 中国古代交通系统的特征——以秦汉文物资料为中心[J]. 社会科学，2009（7）：133.

堑山湮谷，千八百里——秦直道

直道是秦始皇为阻止和防范匈奴势力侵扰，令大将蒙恬率30万大军修筑的南起陕西林光宫、北至内蒙古九原的军事通道（图1-4）。《史记·蒙恬列传》中记载："秦始皇欲游天下，道九原，直抵甘泉，乃使蒙恬通道，自九原抵甘泉，堑山湮谷，千八百里。"直道对防御北地、三辅地区的安全起到重要作用，是由咸阳通往北境阴山间最快捷的道路，在修建过程中始终坚持直、平、宽、稳的原则：直，起讫点间约700km，逢山开山，遇沟填平，大体南北相直，绝少弯道；平，坡度平缓，最大坡度在5%～6%；宽，路线沿山脊布设，窄处十余米，最宽处可达50m；稳，路面材料为三合土细筛过滤，经石碾分层碾压，上铺砂砾而成[①]。秦直道与秦长城一样，都是具有战略意义的国防工程，在维护国家政局稳定方面发挥了重要作用，而且在秦朝之后的相当长一段时间内，秦直道还促进了中原内地与北方少数民族地区、陕甘宁之间经济和文化的沟通交流[②]。秦直道被誉为世界首条高速公路，其修筑反映了中国古代在大地测绘、系统规划、工程技术以及组织效率等方面的历史性成就。

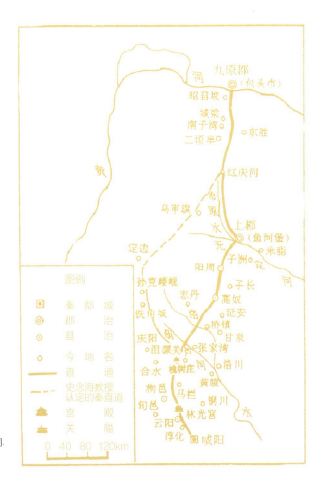

图1-4 秦直道示意图
图片来源：魏继生. 秦汉时期道路交通发展述评[D].
西宁：青海师范大学，2012.

---

① 张国藩. 秦代的"高速公路"——子午岭直道遗址[J]. 档案，2014（3）：23.
② 吴宏岐. 秦直道及其历史意义[J]. 陕西师范大学继续教育学报，2000（1）：75-78.

1.2 快速路理论的演变和诞生

第一次工业革命开启了城市交通机动化的大门，从 18 世纪中叶到 19 世纪上半叶相继出现的火车、汽车等机动化交通工具大大提升了城市交通速度，一方面满足了工业化初期城市规模扩张的迫切需求，另一方面又因为人口迅速聚集加剧了交通拥堵、环境污染等问题。在大变革的背景下，城市规划理念也在发展与问题的矛盾交织中日新月异，诞生了"田园城市"等一批经典城市规划理论。

回顾这一时期，城市规划理论演变不乏反复和矛盾，但各种规划思想中均关注着快速交通的议题，道路发展也从被动适应城市发展转向主动引导城市空间布局，逐步形成了快速交通轴线、环射路网格局、快速交通体系、立体化道路等建设理论，为城市快速路的系统规划和建设奠定了理论基础。

1.2.1 快速交通轴线理念的出现

1882 年，在铁路大规模发展的时代背景下，西班牙工程师阿图罗·索里亚·伊·马塔提出了"带状城市"理论，并强调快速交通轴线的重要作用（图 1-5）。马塔观察到 18 世纪从核心向外蔓延扩展的同心圆城市形态造成了严重的城市拥堵和卫生条件恶化，认为这种城市形态已经过时；而借助以铁路为代表的集约运输方式，城市可以依托交通运输线展开整体布局，城市不再是一个个分散于各地区的点，而是由复合运输通道串联在一起的城市带。为此，马塔秉持"城市建设的一切其他问题，均以城市运输问题为前提"的原则，提出了"带状城市"理论，具体设想为：城市以一条宽阔的道路作为轴线，道路轴线中央布置一条或多条电气化铁路运输线，两侧则设置供马车、行人通行的空间，沿道路下可铺设供水、供电等各种地下工程管线；城市沿轴线道路两侧建设，城市宽度应限制在 500m 左右，但长度可以无限，这样城市

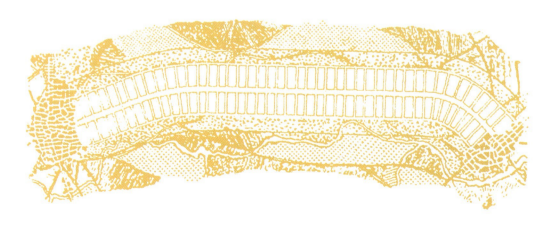

图 1-5 阿图罗·索里亚·伊·马塔的"带状城市"概念图
图片来源：高奖. 大城市快速路规划与设计关键问题研究 [D]. 南京：东南大学，2006.

中的居民既可以享受城市的便利设施，又不脱离自然。

从今天的角度来看，马塔的"带状城市"理论有着明显的局限性，但其以交通轴线提高城市运输效率的设想已经体现出快速交通走廊的思想。在当前大城市的空间布局中，通过多条轨道和快速道路构建高速度、高容量的复合交通走廊，成为引导城市在主城区外围实现轴带式发展的普遍做法。

1.2.2 环射状骨架路网的雏形

"田园城市"是早期经典城市规划理论，对后来有机分散、组团化发展等城市规划思想有着启蒙作用，也影响了洛杉矶、菲尼克斯、图森等一批城市的低密度发展模式。"田园城市"思想源于19世纪初期的罗伯特·欧文（Robert Owen，1771—1858年）等空想社会主义者的"理想城市"理念，1898年霍华德在其著作《明日——真正改革的和平之路》（*Tomorrow: a Peaceful Path to Real Reform*）中正式提出"田园城市"理论。为避免城市盲目膨胀带来的过度拥挤、环境污染等问题，霍华德认为城市和人口规模应该受到合理的限制，其设想的标准"田园城市"占地约2400hm²，人口约3.2万，整体呈同心圆图案布置，6条各36m宽的主干道从城市中心向外放射出去，把城市分为6个相等部分；城市直径线的外1/3处设置一条林荫大道，城市外围设置环形道路和环形铁路；随着城市规模的扩大，还可以在主城外围一定距离上沿轴线建设卫星城，卫星城与中心城市之间、各卫星城之间通过公路和铁路连接（图1-6）。

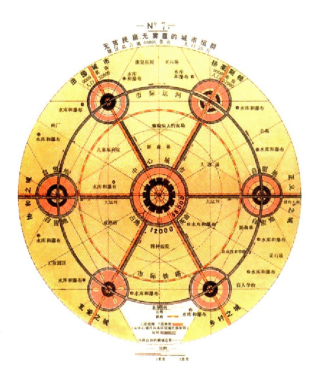

图1-6 霍华德"田园城市"模型图

图片来源：埃比尼泽·霍华德. 明日——真正改革的和平之路[M]. 金经元，卢健松，译. 北京：中国建工出版社，2020.

霍华德设想的"田园城市"不仅在规模上远远小于如今城市发展的实际规模，其关于城市环路的设置也更多是从理想城市的形态出发而提出的，对环形道路与放射道路交通功能并没有深入研究。但从路网形态来看，这种由多条环线与多条由城市中心向外放射的干道构成的道路网络，已经具备了后来大城市快速路环射路网的基本形态，对城市组团化发展、卫星城建设也有所启示。

1.2.3　快速道路立体发展思想

与"田园城市"思想提倡的城市分散主义不同，被誉为功能主义之父的勒·柯布西耶主张以工业化思想规划城市，提出"城市集中主义"的城市规划理论，提倡以高标准、高效率的交通系统支撑城市中心区高强度开发，将交通体系在城市发展中的作用，从"被动适应"提升到"主动引导"的新高度。

1922年，柯布西耶出版了《明日之城市》一书，提出了一个300万人口的巴黎改建设想规划方案，规划的核心理念是严格功能分区，构建立体交通，打造高强度中心区，提供充足的绿地、空间和阳光。其中，中心区立体交通将实现不同功能交通流分层运行：地下用于重型车辆通行，地面用于市内交通，高架用于快速交通（图1-7）。1930年，柯布西耶在"光辉城市"的规划方案中，进一步强化了高效率、立体化城市交通系统的重要性，提出了行人、车辆、地铁完全分离的交通体系，地下设置地铁线路，地面全部由行人支配，汽车的行驶与停车则通过架设于5m高的高架道路完成。

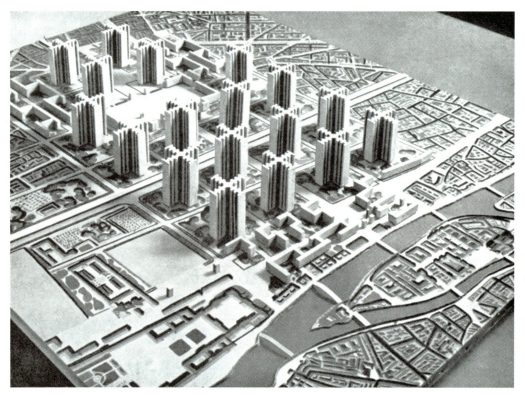

图1-7　柯布西耶伏瓦生规划（Plan Voisin，1922—1925年），提出大规模改造巴黎中心区，从中可以看到图中顺河方向的高架道路

图片来源：季翔，肖炳科. "光辉城市"历史视角下的街区制探索[J]. 建筑与文化，2017（2）：122-123.

柯布西耶的功能和理性主义思想在1933年国际现代建筑会议（CIAM）发表的《雅典宪章》中得到了进一步弘扬，深刻影响了第二次世界大战后全球范围的城市规划和建设，最典型的是建于1956~1960年的著名"飞机"状城市——巴西利亚，其中沿"机翼"南北向设置的"Eixo Rodoviario de Brasilia"大道是整座城市的交通轴线，道路通过绿化与其他用地隔开，实现车行空间独立封闭；相交路口均采取立体交叉，实现轴线道路连续交通；道路主辅分离，主线通过辅路和立交衔接周边路网，完全符合当前快速路规范中的标准要求（图1-8~图1-10）。

图1-8 巴西利亚鸟瞰图

图片来源：韩瑞. 巴西利亚降落在高原上的"大飞机"[J]. 世界遗产，2014（6）：106-111.

图1-9 巴西利亚道路轴线和纪念碑轴线的立体交叉道口

图片来源：石晓风，魏薇. 巴西利亚城市设计的人性化与形式美思考[J]. 华中建筑，2011，29（4）：21-24.

图1-10 巴西利亚南北向宽阔的交通轴线

图片来源：刘杰锋. 巴西利亚——超前城市建设规划的典范[J]. 城市地理，2018（17）：88-95.

虽然过于机械的功能分区牺牲了城市的有机组织，忽略了人与人之间的社会联系，但从城市交通发展的角度来看，柯布西耶理论中关于城市快速道路发展的思路已经相对完善，即通过交通分层、人车分离、立体交叉等措施，实现快速交通的路权专用，充分发挥机动化交通的效率，从建设、运行标准上将"快速路"从普通道路形式中独立出来。

1.2.4 快速路等级与功能设想

面对19世纪上半叶城市过分集中产生的弊病，伊利尔·沙里宁借鉴对生物和人体的认识来研究城市，希望将城市当前无序的集中变为有序的分散，提出了有机疏散理论。该理论指出，令城市陷于瘫痪的并不是现代交通工具，而是城市的机能组织不善，迫使人们每天耗费大量时间、精力往返旅行，导致交通拥堵甚至整个城市机体的瘫痪。沙里宁将城市和自然界的生物进行类比，将城市看作是一个包含多个单元、既统一又分散的有机整体。各单元均布置住宅、商店、学校以及工厂等，形成相对独立的组成部分，单元内部服务人们日常出行的道路相当于人体的"毛细血管"；各单元通过绿化带分隔，中心区则通过高速交通方式联系，这种交通要道相当于人体的"动脉"。在这样的城市结构下，居民日常活动集中在单元范围内，基本上以步行为主，可以大幅缩减机动化出行需求；城市单元之间的长途出行，则通过设置于外围带状绿地中的交通干道快速实现往返。1918年大赫尔辛基规划中应用了有机疏散理论单元式的城市布局，单元之间结合绿地规划设置的"动脉"道路服务快速连通，与单元内部的道路在功能、规模上形成了明显的区分，该规划也奠定了今天赫尔辛基 Ring I 等快速路的基础。

有机疏散理论已体现出城市道路等级划分与功能分类的思想，其中提出的"毛细血管"和"动脉"分别类似于现在道路网体系中的次支路和快速干路（快速路、主干路），快速干路是充分发挥机动车快速交通性能的特殊道路，在建设标准上高于一般道路，在功能上以快速服务长距离出行、实现组团之间的高效衔接为目的，为城市组团化扩张发展奠定了交通理论基础。

虽然上述经典城市规划理论的出发点主要是从城市结构和用地形态出发，但骨架路网布局、道路立体化发展等现代快速路系统规划理念雏形呼之欲出，并在随后各大城市规划和建设的实践中得到应用与完善。

1.3 快速路体系的实践与发展

快速路网是城市发展到一定规模的产物。城市发展早期往往根据地理特征形成一些各具特色的路网形态，如方格网状、带状、鱼骨状以及不规则形状等。例如，早期伦敦依赖泰晤士河航运功能，城市路网呈现出由多条顺河主街和高密度垂河短巷构成的形态，以尽可能增大接触河岸的长度，缩短与码头的距离。巴黎早期城市路网则较为自由，除了城墙对外围边界走向有所限制外，没有明显规则。尊崇秩序的古代中国，则倾向于按照《周礼·考工记·匠人》的要求，建设"经、纬"分明的方格状路网。

然而，随着城市规模不断膨胀，大城市的骨架路网却不约而同地走向"环形+放射"形态，其背后则是市场价值与城市规划共同作用的结果。类似于马克思主义学说中的"级差地租"理论，在城市扩张过程中，紧邻建成区的近郊土地因其交通优势而被优先开发，城市就向四周蔓延式扩张。为了避免城市无序膨胀，规划师们尝试在城市外围设置环形道路和绿地来限定城市范围，其中环形道路还可避免过境交通穿越城市中心区，而放射状道路则是以最短的距离衔接城市中心区与郊区。可以说"环形+放射"路网形式是在城市自然发展与规划引导的互动中形成的，也正是因为在顺应城市生长过程、有效保护核心区交通环境等方面具有显著优势，"环形+放射"路网自然而然地成为国内外大城市路网的普遍形式。

纵观全球千万人口的超大城市，"环形＋放射"式骨架路网几乎已成"标配"，但在快速路体系的构建上，国内城市却呈现出与西方城市[①]迥然不同的发展路径。

1.3.1 西方城市"自上而下"的发展：系统布局指导下的逐步实施

受益于率先开展的工业革命，西方城市的生产力高度发展，城市化进程不断提速，在现代城市规划的理论研究和建设实施方面也形成了领先优势。在20世纪中期探索"大城市病"解决方案的过程中，西方规划师们开始从大区域思考城市发展和布局，将骨架路网作为界定城市格局的重要手段，先系统性规划快速路网而后逐步实施，从规划角度看，具有"自上而下"的发展特点。其中，最具创新性的典型案例有大伦敦规划（1944年）、大巴黎规划（1965年）、莫斯科规划（1970年）等，均在核心城市可以有效辐射的大区域内编制空间规划，并谋划布局环射状骨架道路，主导了城市数十年的交通基础设施建设。

1944年大伦敦规划：道路分级与环射路网体系

自18世纪马车普及以后，交通拥堵就成为困扰伦敦城市发展的首要难题。1756年，伦敦在当时的中心区外围开辟了一条过境道路（即今日Marylebone Road，系中央伦敦环线的一部分），但城市快速扩张很快将其变成了内部道路。至1942年，伦敦大学学院（University College London）城镇规划的教授P. 艾伯格隆比（Patrick Abercrombie）受命编制伦敦战后发展规划时，交通拥堵依然高居伦敦面临的四大问题（交通拥堵、住房紧缺、公共空间匮乏、居住区与工业区混杂）之首。

1943~1944年，P. 艾伯格隆比相继主持编制完成了"伦敦郡规划"（County of London Plan）以及著名的"大伦敦规划"（Greater London Plan），采取了在当时极具创新性的"以区域概念解决城市问题"的规划思想，突破行政管理范围的约束，在6700多 km^{2}的范围内谋划大伦敦发展框架，提出了由内城圈、近郊圈、绿化圈、外城圈组成的大伦敦圈层结构，计划在伦敦城外围建设一系列卫星城和小城镇，形成可承载1250万人的大伦敦地区。规划中提出了由多条环线和射线组成的环射状路网结构，并将道路按照"快速干道、干道、次干道、地方道路"4个等级进行划分，其中"快速干道"等级的道路设计为机动车专用，道路上仅设置少量的"等级分离式路口"（grade-separate junction）进出，并提出了这种立交路口的建设方案。

大伦敦规划中的环射路网方案对伦敦城市建设产生了深远影响。20世纪60年代伦敦的新一轮交通研究（LTS）仍然以大伦敦规划为基础，提出了由4条环线和12条射线组成的路网规划，总规模接近560km；但相比于规划的领先，伦敦快速路网实施进展并不顺利，由于财政压力、政党轮替、交通政策变化等多重因素影响，到1973年只建成了69km，而

---

① 本书提到的"西方城市"泛指欧美国家和地区，是为便于叙述而采用的说法。实际上各国在城市规划领域不尽相同，并不存在统一的西方城市或者西方城市规划的概念。

环绕大伦敦的 M25 环形高速公路直到 1986 年才建设完成。目前大伦敦地区环射路网现状建成三条环线及十余条射线，其中伦敦内环由于等级偏低，在拥堵收费政策的加持下依然长期拥堵，2015 年发布的《伦敦基础设施规划 2050》（London Infrastructure Plan 2050）中，仍设想沿伦敦内环线建设全新的地下快速环路，以实现半个世纪前谋划的快速交通功能。

1965 年巴黎大区发展规划：环射路网与城市发展轴

1860 年，巴黎市长乔治－欧仁·奥斯曼（George-Eugène Haussmann）主导的大规模城市改造标志着巴黎步入了"现代城市"，其核心工程就是对巴黎古老的狭窄街巷大幅拓宽并新建道路，城市道路里程从 1852 年的 239mi（约 385km）增长到 1870 年的 525mi（约 845km），建成了一批交叉于城市中心的交通动脉道路，环形城墙则构成了巴黎市行政管理的边界。随着巴黎的圈层式扩张，1934 年亨利·普罗斯特（Henri Prost）主导的巴黎规划中，将部分进出中心城区的国道改造为城市道路，又在距离巴黎 20~30km 的位置规划了环形高速公路系统以避免过境交通穿越市中心，从此奠定了巴黎环射路网结构。

1965 年巴黎城市与区域规划研究所（IAURP）编制的巴黎大区发展规划（SDAURP）提出城市和交通设施优先沿轴线发展，以便适应巴黎盆地地理条件（图 1-11）。交通发展规划成为该总体规划的关键，提出居民可以选择多种交通方式有效联系各功能区，同时也要满足日益增长的私人小汽车通行需求，加强巴黎中心区对外交通功能。至 20 世纪 80 年代中期，中心城对外交通轴线主要是由快速道路构成，新城选址依托放射道路与环线，在国家财政和土地政策的大力支持下，环射路网快速形成。直到 1976 年的总体规划（SDAURIF）提出启动区域快速铁路（RER），放射状交通走廊的建设重点才转向公共交通（图 1-12）。

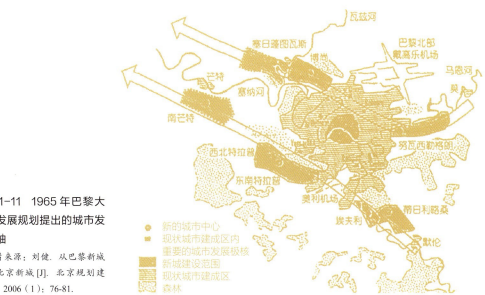

图 1-11 1965 年巴黎大区发展规划提出的城市发展轴

图片来源：刘健. 从巴黎新城看北京新城[J]. 北京规划建设，2006（1）：76-81.

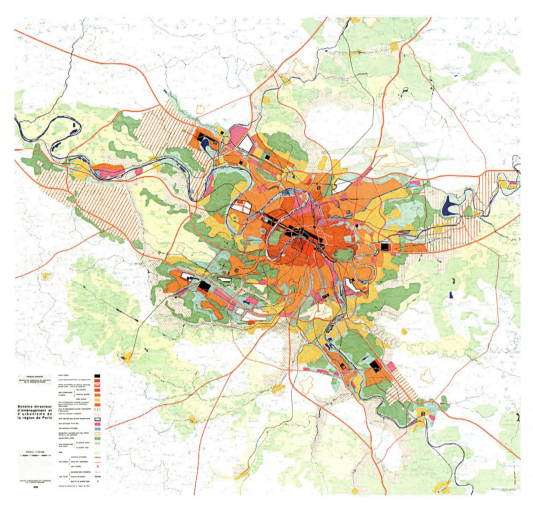

图 1-12 1976年《巴黎大区总体规划》路网布局

图片来源：菲利普·帕内拉伊. 大巴黎地区——漫长历史中的四个时刻 [J]. 迪特·福里, 易鑫, 曾秋韵, 译. 国际城市规划, 2016, 31（2）: 44-50.

1971年莫斯科总体规划：环射路网与多中心城市格局

莫斯科于1922年12月被确立为苏联首都后发展迅速，城市范围以老城为核心多次扩展，1931年莫斯科市管辖范围从285km² 扩展到约600km²，至1960年再次扩展至878.7km²，人口也达到504.6万，超出了当局于1931年提出的"不超过500万人"的目标。

为适应城市发展要求，1971年版"莫斯科市城市总体规划"确定了多中心与环射路网结构，被认为是莫斯科历史上最重要的一次规划。该规划有两大基本要点：一是市区布局从单一中心演变成多中心，划分为8个功能相对独立的综合规划片区；二是制定了莫斯科地区和郊区规划，市区及离市中心50～60km的地区限制工业，工业集中地区距市中心100～200km，意图在首都地区形成一个互相联系、协调发展的圈层式人口和城镇分布体系（图1-13）。规划提出由6条环线、十余条放射道路组成的环射路网支撑新的城市格局，其中主要道路采取连续交通建设标准；市区范围内规划一套避开市中心的"井"字形高速道路，以及穿越市中心的地下道路系统，8个规划片区均有一两条放射性干道作为区域轴线。该版城市总体规划确定的环射路网，除地下道路外，目前已基本建成，成为"规划指导建设"的典型案例（图1-14）。

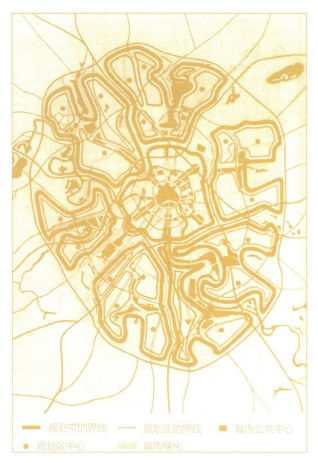

图 1-13　1971 年莫斯科城市总体规划确定的组团布局
图片来源：韩林飞，韩媛媛. 俄罗斯专家眼中的莫斯科市 2010—2025 年城市总体规划 [J]. 国际城市规划，2013，28（5）：78-85.

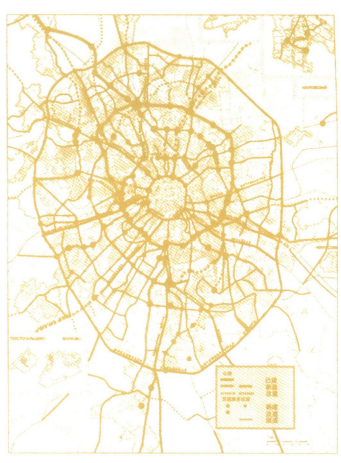

图 1-14　1999 年通过的莫斯科 2020 年城市总体规划确定的干道布局
图片来源：郑皓，吕富珣. 莫斯科 2020 年城市总体规划中的交通规划 [J]. 国外城市规划，2001（3）：43-46.

1.3.2　国内城市自下而上的发展：从治堵措施到系统布局

不同于上述西方城市先有快速路系统规划再逐步实施的"自上而下"式发展，我国城市快速路的建设始于北京等城市为缓解拥堵而实施的道路交通流连续化改造，因交通改善效果立竿见影而得以推广，反过来又促进了快速路系统性规划的编制和相关规范标准的制定，属于"自下而上"式的发展方式。

我国城市规划事业的起步相对较晚，城市规划相关知识在 20 世纪初才随着"市制""市政学"等概念逐步引入。20 世纪 20~30 年代以南京、上海、广州、青岛等为代表的一些城市，各自编制了"以建筑与工程建设为核心、以地区物质空间建构和设计为主体、以城市美化运动式规划为模板的中国早期城市规划"。以民国时期"首都计划"为例，城市规划范围仅为南京老城墙以内，城市"干路"系统更像是各功能区方格路网的拼合。在当时城市规模偏小、机动化交通刚刚起步的背景下，环射路网尚未出现。

新中国成立后，在苏联模式的影响下，"生产性城市"成为新中国城市建设和发展的基本方针，城市规划被看作是"国民经济计划的继续和具体化"，道路规划"要吸取资本主义国家道路过窄造成交通阻塞，绿化过少使得环境恶劣等教训"。在此背景下，为配合第一个五年计划重点建设项目实施，相关城市的路网规划普遍采取了"宽马路、稀路网"的布局（如20世纪50年代包头、武汉等城市规划路网）（图1-15、图1-16）。最有代表性的是1958年9月上报中央的《北京城市建设总体规划初步方案》，提出"分散集团式"的城市布局思路，按照市域人口1000万的规模安排各项设施，在保持老城区传统棋盘状道路网格局的基础上，增设了环路加放射线的路网布局，开创了国内城市"环射状路网"的先河。道路等级按照主干路、次干路、支路划分，尚未出现快速路的概念。1982年北京的道路规划方案维持了1958年的路网布局与道路分级，并首次提出远景规划预留建设城市快速路系统的可能性，且系统布局应采取环路与放射路相结合的形式（图1-17、图1-18）。随后在1992年编制的城市总体规划中，首次明确了北京市区快速路网由3条环路（即二环、三环、四环）和通往首都机场以及连接高速公路的8条放射线组成，规划总里程357km（图1-19）。

广州、上海也是中国快速路建设的先行城市，同样是为了解决迫在眉睫的城市中心区交通拥堵问题[1]，借鉴日本大阪等国外城市高架道路的建设经验，开展了城市快速道路的规划研究和建设实践。上海市规划局于1985年就组织编制了《中山路（大柏树—漕溪路）高架汽车专用道规划方案》《上海市中心城高架汽车专用道规划方案》等规划，但因资金问题，至1992年5月起才开始大规模建设。

图1-15　1955年包头市区规划图
图片来源：吉葆萍，刘立宇，张晓辉. 浅谈包头市交通规划与城市布局的关系[J]. 城市建设理论研究（电子版），2012（34）.

---

[1] 长期关注上海城市发展的媒体人陆幸生在《上海快速路网是怎样建成的》一文中，对当年上海城区道路拥堵情况有过一段生动的描述："当年，市里某部门派车送境外客人到机场，客人在香港落地后致电感谢，而送机车辆还没有从虹桥机场返回外滩办公地点，在上海走14km地面道路需要的时间比在天上飞1400km还长。"

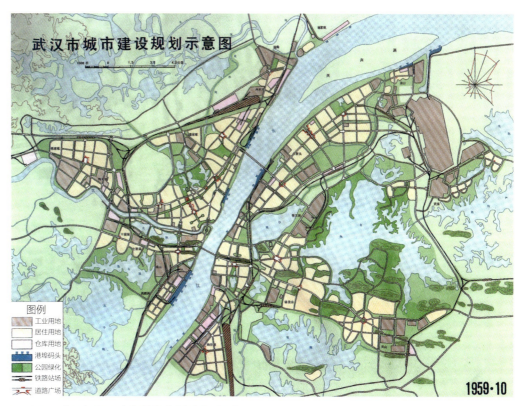

图 1-16　武汉市 1959 年版城市建设规划示意图

图 1-17　北京市总体规划方案（1958 年 9 月）

图片来源：李浩. 北京规划 70 年的历史回顾——赵知敬先生访谈_上[J]. 北京规划建设，2020（3）：158-164.

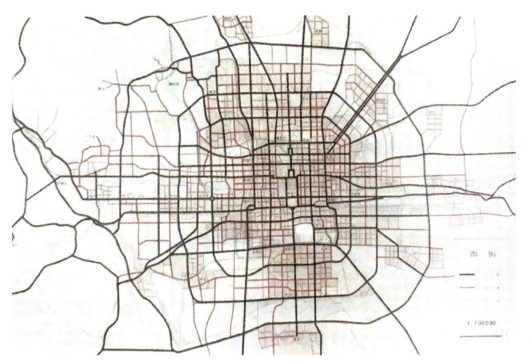

图 1-18　1982 年北京市城市道路规划图

图片来源：北京市规划委员会，北京城市规划协会. 岁月回响：首都城市规划事业 60 年纪事 1949—2009[M]. 北京：社会科学文献出版社，2014.

图 1-19　1992 年北京市区干道路网规划图

图片来源：北京市规划委员会，北京城市规划协会. 岁月回响：首都城市规划事业 60 年纪事 1949—2009[M]. 北京：社会科学文献出版社，2014.

中国城市高架路的先锋——广州市人民路

改革开放以后，广州凭借沿海城市的区位优势吸引了大量外来人口，城市规模不断扩大，社会经济活动活跃，城市经济总量以年均13%的速度快速增长，随之而来的还有交通供需关系的失衡。根据当年居民出行调查的数据，1984年广州市区人口322万，其中191万集中居住在54km²的老城区，全日出行量600万人次，道路长度400km，仅比新中国成立初期增加了80%，而机动车拥有量50万辆，比新中国成立初期增长了81倍，市区39个主要路口95%超负荷，交通发展态势不容乐观。

1984年9月，国务院批复了《广州市城市总体规划（1981—2000年）》，确定未来广州主要是沿珠江北岸向东至黄埔发展，采用带状组团式的空间结构，即沿珠江的3个组团（图1-20）。在城市道路交通方面，并未提出快速路等级，规划了由12条主干道（其中东西向6条、南北向6条）、2条环线（内环和外环高速公路）、10条对外出口路组成的城市骨干网络。在轨道交通方面，提出了发展不同运量、不同等级的地面、地下或高架快速轨道交通，规划地铁线路呈"十"字形布局，联系"河南""河北"地区。

为了缓解日益增长的城市道路交通压力，广州曾通过强化交通管理、建设节点立交等措施对既有道路设施进行挖潜升级，但局部的优化无法显著提高整体网络的运行效率。结合城建专家金泽光在1981年提出的利用"够宽的道路或者濠涌明沟，建设高架道路和立体交叉快速道路系统"的构思，广州交通规划部门引入"连续交通流"概念，提出在广州人民路、沿江路以

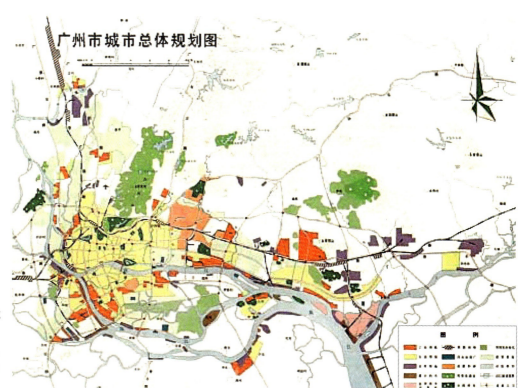

图1-20　1984年广州市城市总体规划图

图片来源：广州市交通规划研究院. 广州交通发展简史[M]. 北京：中国人民大学出版社，2016.

及环市路兴建高架路的建议。考虑到1987年11月即将在广州举办的第六届全运会将给交通系统带来前所未有的压力和考验，广州市政府决定在全运会开幕前修建人民路高架桥。1987年9月，经过10个月紧锣密鼓的修建，这座长约4.5km、宽约11m的双向两车道高架桥建成通车，极大地提高了路网车辆运行速度。

实际上，作为国内第一条通车的高架路，人民路虽然实现了车流的快速、连续，但尚不满足后期规范中提出的快速路单向双车道及以上的建设标准，在广州的道路系统规划中，一直作为城市主干路而非快速路发挥着交通作用，但是它见证了中国交通的立体化、现代化发展，为后续快速路的规范制定、规划编制、建设实施提供了宝贵经验。

中国早期的城市快速环路——北京市二环路

虽然北京市快速路系统规划直到1992年才成形，然而，得益于规划控制及工程实施上的"超前意识"，同年9月，全长33km、设置立交31座（含2座分离式立交）的北京二环路全线建成通车，成为中国第一条全立交控制出入的城市快速环路，其建设规模之宏大、功能之完善、技术之复杂，是此前首都城市道桥建设中从未有过的，建成后不仅有效缓解了中心城区的交通拥堵问题，积极应对了全市机动车的快速增长，还极大地推动了北京作为国际大都市的现代化进程。

早在1957年北京城市总体规划方案中就已经明确了二环路快速通道的定位，并在此后开展了多轮详细规划方案的编制工作，但二环路从1970年开工建设至1999年整治与改善完成，经历近30年的时间，主要包括北半环建设（20世纪70年代初）、南半环建设与北半环改造（20世纪80年代末90年代初）、二环路整治与改善（20世纪末）三个阶段。作为北京第一条快速路的实践，二环路为后期快速路的大规模建设积累了宝贵的经验。

二环路北半环长约17km，主要结合北京地铁环线建设，于1980年底建成。该道路为"三块板"形式，双向6车道规模，两侧设非机动车道，沿线与主干路相交处修建了9座立交桥（包括北京城区第一座互通式立交桥——复兴门桥），受资金和拆迁等因素所限，全段尚有多处平交路口，车辆不能连续通行。虽然北二环尚未完全达到快速路标准，但开通后社会经济效益显著，承担了北京市城区全部交通流量的45%，平均车速远高于城区其他干路，对相关道路分流作用明显。根据1981年2月北京市规划局联合相关部门开展的机动车运行情况调查，北二环小型车道平均车速达到44.6km/h，同时测得长安街平均车速28.5km/h，前三门大街平均车速30.4km/h；此外，长安街西单路口东方向车流量比二环路通车前下降15%，平安里路口东方向车流量下降45%，新街口北大街车流量下降42%，极大地改善了城市中心区交通状况。

20世纪80年代中期，北京市机动车增长迅猛，1984年、1985年机动车增长率分别达到20%和32%，严重加剧了老城区南部的拥堵现象。为此，1986年北京市计划委员会组织有关部门开展了"北京市交通现状及对策"的课题研究，提出建成南半环、改造北半环、争取在"八五"初期形成北京市区第一条快速环路的建议。二环路南半环长约16km，于1992年9月按城市快速路标准一次建成，同期完工的还有北二环的快速化改造工程（主要包括立交、辅道、人行通道建设），至此，全国第一条城市快速环路通车。

20世纪末，随着机动车保有量的不断增长，私人机动车出行占比逐年攀升。1997年北京市机动车保有量首次突破百万辆大关，同年，私人机动车占机动车的比例首次突破半数，开始占据主导地位。二环路整治与改善工程被提上日程，主要包括：对地面辅路进行展宽，将辅路从原来的单车道（单侧）拓宽为两车道以上；对出入口进行适当归并，削减主线的机动车交通量；对部分立交节点进行改造，提高通行能力；改善交通信号、交通标识及监控设施等。改善后二环路全环平均车速提高8%，全断面流量增加6%。

由此可见，我国早期的城市规划中虽然没有明确"快速路"这一概念，但却提前开展了成效显著的道路快速化改造实践，并反过来"自下而上"地促进了规划层面快速路规划设计的规范发展。1991年，原国家城市建设总局委托北京市市政工程设计研究总院编制的《城市道路设计规范》CJJ 37—90获批施行，首次从国家层面明确了快速路的相关设计规范；但直到1995年，《城市道路交通规划设计规范》GB 50220—1995发布，才从城市规划层面明确了城市道路分级及相关指标，快速路的系统性规划设计才有了统一标准。

对比中外城市的快速路体系发展，西方"自上而下"的发展模式呈现出不同于国内发展的特点。从功能上来说，西方城市规划的快速路网在支撑城市格局方面的意义大于其解决交通拥堵问题的实用性，大规模系统规划的快速道路网在实施过程中遭遇不断"缩水"，如伦敦规划了数十年的内环线始终没有形成较高的道路等级，其客观原因包括建筑保护、政党轮替、资金等多方面，也有小汽车污染带来的交通政策和民意变化等主观因素的影响。

我国快速路的形成，则是从解决城市道路拥堵着手，通过对部分主干道实施节点立交化改造、全封闭运行、控制出入口、取消红绿灯，形成快速车道，大大提高了道路容量和车辆行驶速度，在工程设计、交通设施、交通管理方面形成了更严格、自成体系的标准，从最初的"主干路、次干路、支路"城市道路等级中脱离出来成为快速路，并倒推完善了快速路相关规范标准，形成了独特的"自下而上"的发展模式。

对比西方城市，我国城市在改革开放40年来的扩张可谓超常规发展。在城市快速发展而经济实力相对不足的背景下，快速路与地铁网络相比，投资少、周期短、见效快的优势十分突出，更经济、更易见效的快速路网成为提供城市发展急需"交通速度"的首选，并与随后逐步构建的轨道线网共同构成支撑大城市效率需求的"双快网络"。

1.4 当前快速路相关规范要求

经过大量的实践应用，国内快速路的规划设计已经形成了较完善的标准体系，主要包括关注系统规划的《城市综合交通体系规划标准》GB/T 51328—2018，以及关注具体工程设计的

《城市快速路设计规程》CJJ 129—2009。

《城市快速路设计规程》发布于 2009 年，主要从工程技术角度确定了快速路具体设计标准。该标准是对北京、上海等特大城市快速路建设、运行情况的调查分析和实践总结发布并沿用至今，明确了快速路是"在城市内修建的，中央分隔、全部控制出入、控制出入口间距及形式，具有单向双车道或以上多车道，并设有配套的交通安全与管理设施的城市道路"。相较于 1991 年施行的《城市道路设计规范》CJJ 37—90，该规程进一步凸显了快速路设计标准的独特性，如将快速路"进出口应采用全控制或部分控制"修改为"全部控制出入"，强调了快速路系统运行的独立性和交通流的连续性；设计车速增加了 100km/h 一档，以适应城市规模扩张对交通速度提升的需求，而车辆制造、工程实施技术的进步也是对设计车速提升的支撑；对快速路出入口的位置、间距及形式提出明确要求，以便兼顾快速路的车流组织顺畅和服务沿线用地的要求；提高景观、绿化、噪声控制等要求，确保快速路建设与周边环境相协调。

《城市综合交通体系规划标准》发布于 2018 年，主要是从城市交通体系规划层面，对快速路的系统布局和规划控制提出了相关要求，侧重于综合交通体系与城市社会经济、城市空间以及城市综合交通系统内部各子系统的协调。该规划标准中，明确快速路作为服务长距离机动车出行的重要道路，纳入干线道路大类，并细分为Ⅰ级快速路和Ⅱ级快速路以适应大尺度城市空间联系效率的要求；进一步强化了快速路布局与城市用地的协调，如对历史城区的保护、对环路系统的适应性、对道路红线宽度的压缩等，从而实现交通系统在城市社会经济和空间发展转型时期的支撑与引领作用。

参考文献 Reference

[1] 何明卫，赵胜川，何民. 基于出行者认知的理想通勤时间研究 [J] 交通运输系统工程与信息，2015，15（4）：161-166.

[2] 张天虹. 再论唐代长安人口的数量问题——兼评近15年来有关唐长安人口研究 [J]. 唐都学刊，2008（3）：4.

[3] EMSLEY C，HITCHCOCK T，SHOEMAKER R."London History—Transport". Old Bailey Proceedings Online [EB/OL]. [2022-09-02]. https://www.oldbaileyonline.org/static/Transport.jsp.

[4] 张卫良."交通革命"：伦敦现代城市交通体系的发展 [J] 史学月刊，2010（5）：76-84.

[5] 李磊，刘晓明，张玉钧. 二环城市快速路与北京城市发展 [J]. 城市发展研究，2014，21（7）：10.

[6] 住房和城乡建设部城市交通基础设施监测与治理实验室，中国城市规划设计研究院，百度地图慧眼. 2020年度全国主要城市通勤监测报告（通勤时耗增刊）[R/OL].（2020-5-18）[2022-09-01]. http://www.chinautc.com/20200520.pdf.

[7] 李德华. 城市规划原理 [M]. 4版. 北京：中国建筑工业出版社，2010.

[8] 勒·柯布西耶. 明日之城市 [M]. 李浩，译. 北京：中国建筑工业出版社，2009.

[9] 伊利尔·沙里宁. 城市：他的发展、衰败与未来[M].顾启源，译. 北京：中国建筑工业出版社，1986.

[10] BOSMA K，HELLINGA H. Mastering the City：North European City Planning，1900-2000[M]. Perugia：Nai Uitgevers Pub，1998.

[11] 谈明洪，李秀彬. 伦敦都市区新城发展及其对我国城市发展的启示 [J] 经济地理，2010，30（11）：1805-1808.

[12] 高奖. 大城市快速路规划与设计关键问题研究 [D]. 南京. 东南大学，2006.

[13] Mayor of London. London Infrastucture Plan 2050：Transport Supporting Paper [R]. London，2015.

[14] 朱明. 奥斯曼时期的巴黎城市改造和城市化 [J] 世界历史，2011（3）：46-54.

[15] 菲利普·帕内拉伊. 大巴黎地区——漫长历史中的四个时刻 [J]. 迪特·福里，易鑫，曾秋韵 译. 国际城市规划，2016，31（2）：44-50.

[16] 韩林飞，韩媛媛. 俄罗斯专家眼中的莫斯科市2010—2025年城市总体规划 [J] 国际城市规划，2013，28（5）：78-85.

[17] 孙施文. 解析中国城市规划 [J]. 城乡规划，2017（1）：12-21.

[18] 董光器. 五十七年光辉历程——建国以来北京城市规划的发展 [J]. 北京规划建设，2006（5）：13-16.

[19] 北京市规划委员会，北京城市规划协会. 岁月回响：首都城市规划事业60年纪事 1949—2009[M]. 北京：社会科学文献出版社，2014.

[20] 张晓东，龚嫣. 北京城市道路交通规划与建设60年 [J]. 北京规划建设，2009（5）：39-43.

[21] 李浩. 北京规划70年的历史回顾——赵知敬先生访谈（上）[J]. 北京规划建设，2020（4）：4.

[22] 戴逢，贺崇明. 对城市交通发展道路的探索——广州20年城市交通规划与实践回顾 [M]. 广州：华南理工大学出版社，1999.

[23] 广州市交通规划研究院. 广州交通发展简史 [M]. 北京：中国人民大学出版社，2016.

[24] 北京日报. 中国第一条城市快速环路——北京二环路 [EB/OL]. （2020-10-26）[2022-09-01]. http://ie.bjd.com.cn/bjrbbeijinghao/contentApp/5ed61972e4b0be621cc458c6/AP5f96372de4b05e21b5335b70.html?isshare=1&contentType=0&isBjh=1

[25] 崔健. 北京二环快速路规划建设的回想 [J]. 北京规划建设，2009（6）：94-97.

[26] 李炯为. 国内第一条城市快速环路全线竣工——记北京市二环路 [J]. 土木工程学报，1992，25（6）：2.

[27] 李磊，刘晓明，张玉钧. 二环城市快速路与北京城市发展 [J]. 城市发展研究，2014，21（7）：10.

[28] NUMBEO. "Traffic Index by City 2021" [EB/OL]. [2022-09-01]. https://www.numbeo.com/traffic/rankings.jsp?title=2021.

[29] 陈鸿彝. 中华交通史话 [M]. 北京：中华书局，2013.

[30] 魏继生. 秦汉时期道路交通发展述评 [D]. 西宁：青海师范大学，2012.

[31] 王子今. 中国古代交通系统的特征——以秦汉文物资料为中心 [J]. 社会科学，2009（7）：132-140.

[32] 延安市甘泉人民政府. 秦直道 [EB/OL]. （2018-07-19）[2022-09-01]. http://www.ganquanxian.gov.cn/zjgq/gqly/10716.htm.

[33] 张国藩. 秦代的"高速公路"——子午岭直道遗址 [J]. 档案，2014（3）：21-23.

[34] 吴宏岐. 秦直道及其历史意义 [J]. 陕西师范大学继续教育学报，2000（1）.

[35] 中国公路交通史编审委员会. 中国古代道路交通史 [M]. 北京：人民交通出版社，1994.

[36] 李德华. 城市规划原理 [M]. 3版. 北京：中国建筑工业出版社，2001.

[37] 庄林德，张京祥. 中国城市发展与建设史 [M]. 南京：东南大学出版社，2002.

[38] 埃比尼泽·霍华德. 明日——真正改革的和平之路 [M]. 包志禹，卢健松，译. 北京：中国建工出版社，2020.

[39] 季翔，肖炳科. "光辉城市"历史视角下的街区制探索 [J]. 建筑与文化，2017（2）：122-123.

[40] 韩瑞. 巴西利亚降落在高原上的"大飞机" [J]. 世界遗产，2014（6）：106-111.

[41] 石晓风，魏薇. 巴西利亚城市设计的人性化与形式美思考 [J]. 华中建筑，2011，29（4）：21-24.

[42] 刘杰锋. 巴西利亚——超前城市建设规划的典范 [J]. 城市地理，2018（17）：88-95.

[43] 周珏琳. 北欧城市绿色空间规划研究 [D]. 北京：北京林业大学，2017.

[44] 谢鹏飞. 阿伯克隆比与英国早期区域规划 [J]. 中国勘察设计，2011（5）：75-78.

[45] 赵婷. 巴黎新城规划建设及其发展历程回顾 [J]. 城市建设理论研究（电子版），2013（16）.

[46] 郭嵘，吴阅辛. 莫斯科的空间结构规划 [J]. 城市规划，2003，27（9）：67-68.

[47] 郭嵘，卢军，陆明. 莫斯科的交通设施规划概述 [J]. 城市规划，2005（6）：87-88.

[48] 吉葆萍，刘立宇，张晓辉. 浅谈包头市交通规划与城市布局的关系 [J]. 城市建设理论研究（电子版），2012（34）：1-6.

02

武汉城市与交通发展概况

武汉建城可追溯至3500年前的盘龙城，凭借两江交汇、九省通衢的禀赋，因水而兴，因商而立，因其城市交通区位、工商繁荣颇类似于芝加哥，至民国时有"东方芝加哥"的美誉。从城市格局发展来看，武汉经历了两江分三镇、三镇跨江融合、主城内聚发展、区域一体化发展等不同发展阶段，而各阶段都烙下了特色鲜明的交通印记。一部武汉城市发展史，也是一部交通方式演进的历史，"水、铁、公、空、轨"依次出场，助推武汉城市格局拓展和功能蝶变。

2.1 交通引导的城市空间变迁

从交通视角回望武汉的城市发展历史，总体上可以划分为水运为主、铁水联运、公路（汽车）普及、综合发展四个各具特色的阶段，每个阶段的城市空间布局均体现了最大化交通优势的原则。不同时代主要交通方式的效率决定了城市尺度，毗邻交通廊道的用地开发成就了城市空间格局，末端交通活动空间和出行方式沉淀为街道肌理，而喧闹嘈杂的码头文化、"九省通衢"的包容精神则融入了这座城市的性格基因。

2.1.1 依托水运——临江带状发展阶段

在武汉市规划研究院出版的《武汉百年规划图记》（第二版）中，对武汉的城市源起进行了精要的概述。武汉虽以三镇鼎立闻名，但历史上"双城重镇形态"却长达1000多年，自三国（220—280年）开始，武昌、汉阳因地处长江汉水要冲，出于军事工程需要而分别形成封建城堡。待到"明成化年间（1465—1487年），汉水改道由龟山之麓入江，汉口从汉阳析出，其后汉口在近代水运和商业带动下加速扩张，武汉自此由'双城'向'三镇'转变……直到1949年武汉解放，三镇合并，乃取三镇之首字命名为'武汉'"。

从1446年汉水改道以来至1861年汉口开埠，武汉始终是由三个独立且规模有限的"滨江带状城镇"（图2-1）组成。垂江方向，汉口、汉阳纵深不足1km，设有九门的"武昌府城"纵深也不过2.6km，而在顺江方向，三

图 2-1 明末、清末武汉三镇城区示意图

图片来源：武汉地方志编纂委员会. 武汉市志——城市建设志（1840—1985年）[M]. 武汉：武汉大学出版社, 1989.

镇空间尺度均显著增大，汉口临江城市界面总长约10km（其中临汉江约5km、临长江约5km），汉阳临江城市界面总长约8.5km（其中临汉江约5.5km，临长江约3km），武昌临长江城市界面长约7km，充分体现了水运对城市布局的决定性影响。在当时交通运输方式单一、主要依赖水运的背景下，长江、汉江成为城市乃至区域最重要的交通走廊，更是三镇商业得以发展的生命线。得两江交汇之利，在明末清初时期汉口即有了"十里帆樯依市立，万家灯火彻夜明"的繁荣景象。

为了更便捷地利用水上交通条件，城市用地自然而然地贴近长江、汉江两条交通动脉。以这一时期发展最为迅速的汉口镇为例，城市空间发展与我国传统营城"方正居中"的轴线格局不同，而是以实用为导向，以方便货物流通、促进经济发展为目的，其用地沿滨江轴向延伸的特征尤为明显。汉口早期由于地势低洼、三面环水，常受水患侵扰，1635年，汉阳通判袁焻主持在汉口镇北侧筑长堤（人称袁公堤，大约在如今的长堤街附近），上起硚口、下讫堤口，长约5.5km，距江边约0.9km，为后期商业重镇的形成竖起了安全屏障，汉口从此进入稳定发展时期。1864年，鉴于各地农民起义此起彼伏，太平军以及捻军的残余势力在武汉一带活动频繁，汉阳知府钟谦钧等人出于安全考虑，决定在袁公堤外筑堡开濠，城垣上自硚口下至沙包（今一元路口），长约7.6km，辟有城门8座，由西向东依次为玉带门、便民门、居仁门、由义门、循礼门、大智门、通济门、便门（图2-2）。城外开挖护城河，兼具御敌和挡水作用，袁公堤遂失去防洪作用，长堤内外也因商业发展逐渐演变为街市。虽然此时汉口城区范围有所扩大，已经超过历史悠久的武昌城成为三镇之首，但垂江纵深较前期仅平均拓展200m左右，顺江尺度则沿长江下游延长约2.7km之远，临江发展始终是用地扩张的基本原则。

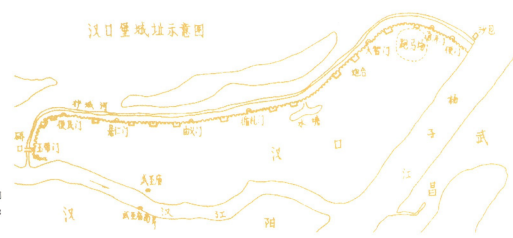

图 2-2　汉口堡城址示意图
图片来源：吴之凌. 武汉百年规划图记 [M]. 北京：中国建筑工业出版社，2009.

图 2-3　汉口租界分区图
图片来源：吴之凌. 武汉百年规划图记 [M]. 北京：中国建筑工业出版社，2009.

汉口开埠后，各国在此的租界区也依然延续了滨江带状发展的思路，将水运优势发挥到极致。日、德、法、俄、英等列强租界区由北向南沿汉口江边一字排开，形成了汉口城区沿江展开且码头密布的格局（图 2-3）。临江地区通过大量以码头为起点、狭窄而密集的垂江巷道，衔接江边码头与陆上用地，在尽量减少占用一线滨江土地资源的同时，形成了与码头最便捷的交通联系（图 2-4）。窄密的巷道网络大大增加了临街建筑界面，适应商业贸易发展需求。由于陆上交通方式较为原始，从码头到运输终点主要以人力搬运为主，运输效率和距离限制在较低水平，因而城市格局顺江发展，但垂江纵深局限在约不足 1km 范围内。

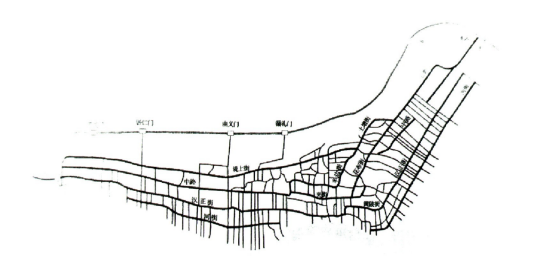

图 2-4　1868 年汉口街道布局图

图片来源：刘凯. 武汉三镇城市形态演变研究 [M]. 武汉：华中科技大学出版社，2017.

汉口凭借水运便利以及与之相适应的"顺江长街、垂江短巷"的路网布局，建立了城镇内外衔接顺畅的物流体系，商业与手工业日渐发达，形成了"盐行、茶行、药材行、广福杂货行、油行、粮食行、棉花行、牛皮行"八大行，迅速发展为长江中游最大的物资集散地，明末清初时已是"楚中第一繁盛处"，与河南朱仙镇、广州佛山镇、江西景德镇并称为"天下四大名镇"。但就武汉三镇而言，受制于建造技术，相互之间只能通过渡船联系，汉口、汉阳、武昌路网各自独立发展，城市空间布局互无联系。

2.1.2　铁水联运——顺江带状发展阶段

如果说长江、汉水两江交汇的区位赋予了武汉城市交通优势的"本底"，那么于1906年全线贯通的京汉铁路，则真正奠定了武汉作为全国交通枢纽的地位。京汉铁路及随后的粤汉铁路（1936年通车）贯通中国南北，与长江航道形成黄金十字交叉，彻底改变了武汉市单一依托水运交通的格局，开启了城市向纵深发展、城市商业工业繁荣的新篇章（图2-5）。

在洋务运动推动下，兴办以铁路为代表的近代交通运输业成为晚清政府自强图存的国策之一。1889年，两广总督张之洞奏请修建北京卢沟桥至湖北汉口镇的卢汉铁路获准，调任湖广总督督办铁路修建事宜，"开路之利，首在利民。利民以出土货、销土货为大端；利国以通漕、调兵为大端"，张之洞认为这条铁路将"可控八九省之冲，人货辐辏，贸易必旺，将来汴洛、荆襄、济东、淮泗，经纬纵横，各省旁通，四达不悖"。1895年7月19日，《马关条约》签订后的第94天，光绪帝发出一道谕旨，宣称"当此创巨痛深之日，正我群臣卧薪尝胆之时"，并提出救亡图存的六项"力行实政"，修铁路被列为首项，张之洞复奏清政府，指出："中国应开铁路之地甚多，当以卢汉一路为先务。此路南北东西皆处适中，便于通引分布，实为诸路纲领；较之他路之地处一偏，利止一事者，轻重缓急，大有区别。"1895年12月6日，清政府最终决策修建卢汉铁路，后因北端起点由卢沟桥调整为经北京西便门至正阳门西车站而改为京汉铁路，南（湖北汉口）北（河北保定）两端同时动工，全线于1906年5月正式通车，总长约1214km。其中，武汉境内汉口玉带门至滠口段长约23.5km的线路于1897年7月开工

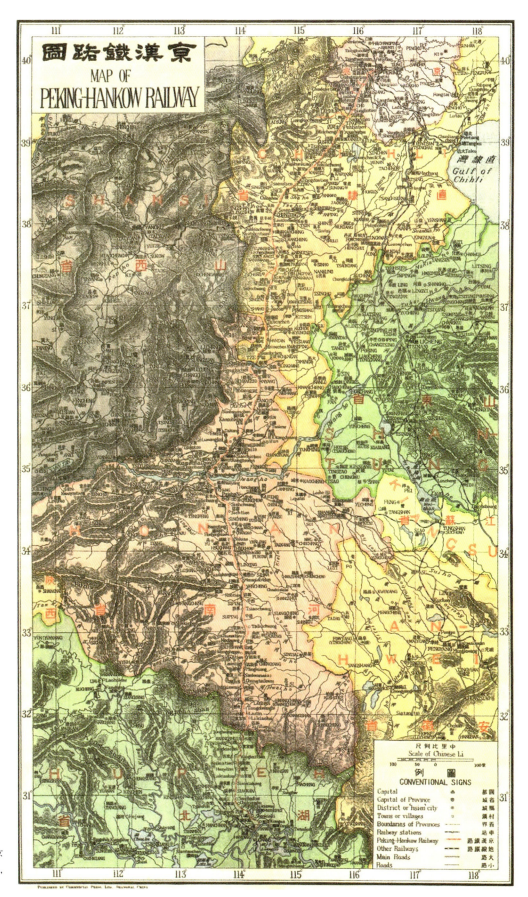

图 2-5　京汉铁路图

图片来源：宗绪盛. 老地图中的京汉铁路与南口车站 [J]. 北京观察，2014（6）：74-80.

建设，1898年5月通车，成为武汉地区最早的铁路。

京汉铁路的全线贯通，打破了武汉单纯依赖水运的传统交通格局，迈入了火车、轮船客运齐发，东至上海、西达重庆、北进京城的水陆联运时期。此后衔接武汉与广州的粤汉铁路也于1900年开工建设，虽因局势、资金、技术等各种问题延宕至1936年才全线贯通，但京汉铁路与粤汉铁路最终在武汉通过轮渡实现贯通（京汉铁路终点站设在长江以北的汉口玉带门，粤汉铁路终点站设在长江以南的武昌徐家棚），纵贯南北的铁路动脉与横穿东西的长江水道交汇于武汉，城市从"长江航道转运中心"升级为"全国交通枢纽"。

京汉铁路的开通，标志着武汉最为宝贵的用地从沿江向沿铁路转移，大大加速了汉口城镇用地的扩张。京汉铁路在汉口市区设有江岸、大智门、循礼门以及玉带门4个车站（图2-6），通车伊始，原本位于汉口城墙护城河外的玉带门至大智门一带，由于货运繁忙，货物量大，逐渐修建了大仓库、工厂、搬运所、前后客栈等设施，形成了一个繁华的商业地带。铁路沿线原本荒无人烟的刘家庙、硚口等地都"廛居鳞次，三十里几比室直连矣"。汉口城堡原为拱卫城区安全，这时反而束缚了城区拓展和商贸发展。为了消除市区水患，保护铁路并拓展用地范围，张之洞于1904年开始主持修筑后湖长堤（即今日的张公堤），东起长江岸边堤角，西北经岱家山、姑嫂树折抵汉江岸边硚口，长达17km，汉口面积由此扩大了10倍有余。同时，为适应铁路沿线发展，失去防洪作用的汉口城墙于1906年被拆除，并在城墙基础上修建起从硚口到英租界的后城马路（即今日的中山大道），汉口建成区腹地纵深从1km拓展到2km以上，城区面积由11.2km^{2}扩展到28km^2，城市商业及居住中心从江边北迁至后城马路附近，封闭的"城堡式"格局被彻底打开，城市面貌焕然一新。正如《夏口县志》所言："自后湖筑堤，卢汉通轨，形势一年一变，环镇寸土寸金。"

京汉铁路也极大地促进了武汉城市功能的提升，一举奠定了汉口商业中心、汉阳工业中心的地位。京汉铁路将沿线省市的货物和人流吸引到汉口，再通过长江运往全国各地及海内外，京汉铁路通车后的第2年，汉口已汇聚了茶叶、粮食、绸缎、五金等95个行业，商店总数在4800家

图2-6 大智门火车站（是汉口新古典主义建筑范例之一，该站房现今仍原址保留于汉口车站路，背后京汉大道即原京汉铁路之所在，现建有高架轨道）

以上，直接对外贸易总额超过广州和天津，全国贸易地位仅次于上海，成为近代中国第二大国际商埠。张之洞移督湖广当年，汉口直接对外贸易进出口总额约为558万关两①，间接对外贸易进出口总额约为3760万关两，到1907年则分别上升至3168万关两和11507万关两，增长了568%和306%，1910年对外进出口贸易总额更是高达1.5亿关两，武汉从一个内陆循环的商业市镇嬗变成面向海外市场、参与国际商品流通的国际性通商口岸。清末日本驻汉口总领事水野幸吉写道："与武昌、汉阳鼎力之汉口者，贸易年额一亿三千万两，夙超天津，近凌广东，今也位于清国要港之二，将进而摩上海之垒，使观察者艳称为东方之芝加哥（美国第二大都会）。"

汉阳也借铁路之机发展为全国重工业基地。1890年在汉阳龟山与汉水南岸之间建设的汉阳铁厂，因铸造京汉铁路铁轨得到发展，而铁路的建成又极大地降低了工业运输成本，汉阳地区逐步聚集了铁厂、兵工厂、火药厂、汉钉厂、官砖厂等，在汉阳龟山至赫山临江一带，形成蔚为壮观的十里"制造工业长廊"。这一工业优势一直延续到新中国成立，武钢、武重、武锅、武船等重大工业项目继续落地武汉沿江片区，延续了武汉工业中心的地位。

2.1.3 公路兴起——跨江组团发展阶段

1949年5月，汉口、汉阳、武昌解放并正式合并为武汉市，实现了行政建制上的统一；1957年10月，武汉长江大桥通车，实现了三镇物理空间的连通，从此武汉便开启了以公路为主的机动化交通时代，拉开了武汉主城内聚式快速发展的序幕（图2-7）。

其实早在筹建京汉、粤汉铁路期间，张之洞便已提出修建跨江桥梁连通南北两条铁路的设想，"此路若能开通，则中国气脉大畅"；詹天佑在进行粤汉铁路复勘定线的过程中，也预留了与京汉铁路接轨出岔的位置。武汉长江大桥的规划建设事宜在清末、民国期间也经历了多次研究论证，但因战乱、国力不足等诸多原因而拖延，直至新中国成立后才得以实施。作为我国第一座跨越万里长江的大桥，该桥设计为上层公路、下层铁路两用，正桥于1955年9月动工，1957年10月15日通车交付使用。加之联系汉阳、汉口两岸的汉水铁路桥、公路桥等配套工程已分别于1954年11月、1955年12月率先通车，一举实现了长江南北京汉、粤汉铁路的贯通，更实现了武汉三镇的陆路连通。同期完成的汉口铁路迂回线（即现在的京广铁路部分）工程取代了原京汉铁路，汉口城区内铁路通道位置由现京汉大道一线外拓至发展大道一线，距江边由2km扩大到6km，既满足了铁路运输的扩容需求，又顺应了城市用地扩张的趋势。

20世纪90年代前后，以三峡水利枢纽建设和上海浦东开发为代表的国家战略部署加速了长江流域经济走廊的开发建设，武汉相继被批准为经济体制综合改革试点城市、对外开放港口和沿江对外开放城市，城市建设再次加速。城市交通进入了汽车主导的新时代，公共汽（电）车等机动化出行方式普及带来交通效率的提升，居民的出行范围随之扩大，武汉三镇内部路网均以方格网形式不断生长，建成区腹地纵深同步增加，其中沿放射状道路的用地扩张最

---

① 关两，清朝中后期海关所使用的一种记账货币单位，属于虚银两。

图 2-7　武汉长江大桥（建成于 1957 年，公铁两用，被誉为万里长江第一桥）

为迅速（图 2-8）。武昌地区向北沿临江大道向长江下游展开，向东沿东沙湖、南湖之间的武珞路、雄楚大街等通道方向展开，建成用地已接近现在的三环线边界。汉口地区建成用地迅速突破京广铁路限制，在汉口北部的杨汉湖地区率先建成了二环外侧的第一个大型居住组团，并跨越三环线在机场路东侧建设常青花园居住组团。汉阳地区则从老城区向南直接跨越了河湖密布、基础设施薄弱的四新组团，在三环线以南沌口地区沿东风大道建立了国家级开发区——武汉经济技术开发区，以1991年中法合资神龙汽车项目落户为起点，开始打造中部车都。至此，武汉市虽然还面临跨江联系薄弱的问题，但主城区雏形已基本成形。

在三镇各自完善路网体系的同时，武汉市开始在全市系统规划布局跨江通道以加强三镇融合。随着社会经济的发展及城市用地的扩张，规划过江通道数量逐步增加，并纳入历次总体规划，同时结合在长江、汉江两岸控制较高等级的接线道路，最终衔接形成环绕三镇的贯通环线，环线之间则依次规划配置干支路网，汉口、汉阳、武昌三片原本各自生长的方格路网被整合进入统一的环射路网格局之中。武汉市主城区范围内共规划有13处过长江通道，截至2020年底，已建成"七桥一隧"，另有1处隧道在建；跨汉江也建成7座公路桥及1座铁路桥。武汉市路网受湖泊、铁路、单位大院等限制，环线间距偏大，虽适应了城市地理历史特征、有利于早期建设，但在后期运行过程中却遇到了环线交通过度集聚等棘手问题，成为后期路网完善的重点与难点，这部分内容将在本书第8、9章进行详细阐述。

"环射路网"的形成从根本上改变了武汉的城市空间格局，将城市从滨江带状发展带入垂江圈层发展时代，环线成为城市土地可达性的"时效圈层"标识，重新界定了城市核心区，深刻影响了土地价值与城市功能布局。以1982年城市总体规划为例（图2-9），当时仅有一环线规划雏形，环射路网形态尚未形成，由于缺乏明显的城市中心区概念，三镇用地延续了新中国成

图 2-8　武汉市城市用地图（1996年）

图片来源：陈韦，等. 远见：武汉规划40年（1979—2019年）[M]. 北京：中国建筑工业出版社，2019.

立初期工业赶超战略的布局思路，全市工业用地各自呈散点状分布，汉阳地区长期处于滨江一线工业、二线居住的用地结构，武昌、汉口地区也呈现出居住用地和工业用地交错布置的形态，城市用地功能较为混杂。而在1988年、1996年以及后期各版本的城市总体规划中，随着三环、二环、各方向主要射线相继明确，主城区开发边界以及各圈层功能定位逐步清晰，城市用地布局愈加合理，商业、居住向城市中心集中，工业、仓储向外围调整（图2-10、图2-11）。这一转变与国家政策取向、城市发展阶段等因素密不可分，但是环射路网形成后凸显了两江四岸区域的区位优势，改善了外围区域的交通条件，也是实现城市功能布局优化的动因之一。

图2-9 武汉市城市总体规划（1982年）（环路尚未成形）

图2-10 武汉市城市总体规划结构示意图（1988年）（一环线与三环线雏形初现）

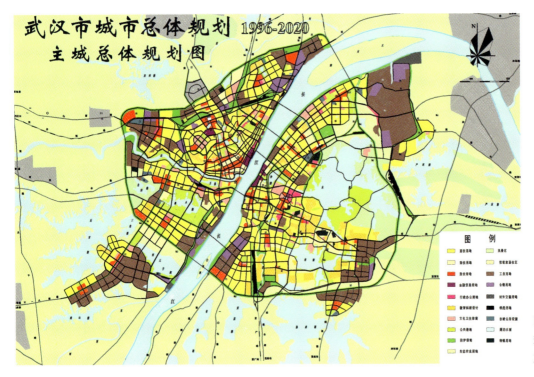

图 2-11 《武汉市城市总体规划（1996—2020 年）》（增加了二环线）

2.1.4 复合交通——从大武汉走向武汉都市圈

20 世纪 90 年代初期，武汉市主城区环射结合的路网模式已经确立，但主城区"一心独大"的内聚发展形态下，主城区用地"余额不足"，需要对城市空间结构进行优化以支撑规模扩张和产业升级。

1996 年版的《武汉市城市总体规划（1996—2020 年）》中，提出构建"1 个主城 + 7 个重点镇"的空间格局，将规划范围拓展到主城以外（图 2-12）。主城以存量提升为主，大力发展第三产业，利用江、河、湖、山等自然条件分隔，规划江北、江南两个核心区，主要布局商业、金融等服务功能；核心区周围布局 10 个中心区片承担行政、文娱等公共设施及居住功能；主城边缘布局 10 个工业—居住综合组团；核心区、中心区片、综合组团之间以轨道交通线、快速路及主次干路相联系，形成"多中心组团式"的布局结构。主城外围 15～20km 范围选择阳逻、北湖、宋家岗、蔡甸、常福、纸坊、金口 7 个重点镇作为新的城镇发展空间分担城市职能，疏散主城人口。规划提出多种交通方式强化城镇地区交通联系，包括：改造提升外围环线公路，串联 7 个重点镇；规划布局汉施公路、青化路等 17 条快速路，内接主城环路、外连新城重点镇，形成以主城为中心的环形放射状市域公路网络；规划 7 条市郊铁路联系 7 个重点镇。总体而言，1996 年版总体规划充分利用了当时已建成的射线道路以支撑城镇体系，但仍存在着环射路网体系不健全、城镇空间内部交通联系不足、重点镇交通支撑不足等问题，主城区"一心独大"的空间特征显著，内聚式发展模式尚未有效突破。

《武汉市城市总体规划（2010—2020 年）》中，提出完善的环射高快速路网布局，构建

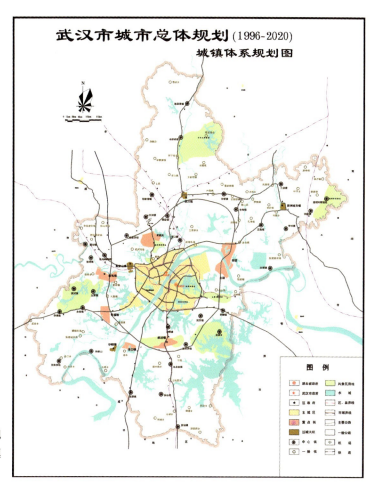

图 2-12 《武汉市城市总体规划（1996—2020 年）》城镇体系规划图

多轴、多中心的城市空间。20 世纪 90 年代后期，武汉市完成了市域范围内撤县设区，新增江夏区、新洲区和黄陂区，县改区有利于适应快速城镇化需求、实现区域一体化发展。为充分发挥武汉市中心区位优势、整合区域城镇资源，顺应城市群发展新趋势，城乡规划的关注重点跳出主城，在市域层面进行谋划。《武汉市城市总体规划（2010—2020 年）》中，规划构建以主城为核、6 个新城组群轴向拓展的"多轴、多中心"空间格局，其中主城区延续"圈层发展、组团布局"的格局，通过由 3 条环路和 13 条放射线组成的"三环十三射"快速路系统实现组团之间的快速交通联系，确立了一环内滨江核心区、二环内中央活动区、三环内城市副中心和组团中心的三级公共服务中心体系，为主城功能升级奠定了基础。主城区外围依托城市快速路、骨架性主干路和轨道交通组成的复合型交通走廊[①]，沿阳逻、豹澥、纸坊、常福、汉江、盘龙等方向构筑 6 条城市空间发展轴，整合新城和与之联动发展的新城组团形成六大新城组群，拉开了武汉都市圈发展的新格局（图 2-13）。

---

① 交通系统在重要城镇发展轴上规划布局"多快多轨交通走廊"，如东部新城组群复合交通走廊就包括 2 条轨道、6 条高等级道路，包括轨道交通 10 号、12 号线，江北快速路、武英高速公路、汉施公路、武鄂高速公路、临江大道、青化路等干路。其他东南新城组群、南部新城组群、西南新城组群、西部新城组群、北部新城组群等也布局了类似交通廊道。

图 2-13 《武汉市城市总体规划（2010—2020 年）》都市发展区组团结构示意图

2007年12月，在国家"中部崛起"的战略背景下，武汉城市圈被批准为全国资源节约型和环境友好型社会（简称"两型"社会）建设综合配套改革试验区。为探索"两型"社会武汉城市圈空间统筹机制，形成中部地区经济发展的优势增长极，2008年编制的《武汉城市圈空间规划》进一步跳出武汉市域，面向武汉与鄂州、黄石、黄冈、孝感、咸宁、仙桃、天门、潜江"1+8"城市圈。这一阶段交通体系发展重点加强以武汉为核心的"一小时交通圈"建设，突出快速轨道交通网和高（快）速公路网的城市圈"两张快速交通网"，构建区域"123"交通圈，即地级市到武汉市1小时到达，"8+1"城市间2小时到达，县级市之间3小时到达。在骨架道路系统层面，形成由3条半环线和12条射线构成的高（快）速通道，其中3条半环线分别是中环（今三环线）、外环（绕城高速公路）、城市圈环线（由分段市际高速公路组成），以及随岳、杭瑞高速公路构成的城市圈外半环，12条射线分别为京港澳北、沪汉蓉东、武合、

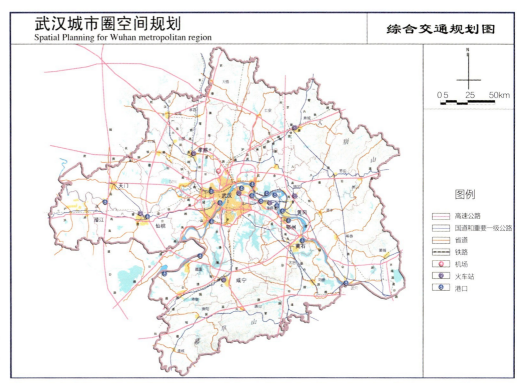

图 2-14 《武汉城市圈空间规划》综合交通规划图（编制时间：2008 年 9 月）

江北、沪渝东、大广南段、京港澳南、汉洪、沪渝西、汉天、武荆、杭兰高速公路。各高速公路射线总体上以三环线为界，衔接主城内快速路系统（图 2-14）。

武汉城市圈正从向心集聚阶段向对外辐射发展阶段过渡，以主城区为核心的圈层扩散效应已经显现，人口、产业、城镇空间增长均呈现出由核心向外围扩散的趋势，尤其是武汉市域范围内的近郊区，是当前集聚与扩散效应最为活跃的区域。在核心圈层的扩散作用下，圈层间的空间差异正在缩小，"核心—边缘"结构也趋于弱化，武汉正从单一特大城市向以武汉为核心的都市圈转变。

2.2 武汉路网的演变与快速路体系概况

城市路网是城市中联系度、结构性最强的组成空间，路网的演变是城市空间格局演变的缩影。简要回顾路网形成历史，就是从交通视角更加简洁清晰地了解一座城市的发展历史。

从路网结构的发展来看，大城市路网中存在不同等级的道路以适应多样化交通出行需求，一般城市发展初期、规模较小时，道路功能差异不大，主要承担基本的服务沿线地块交通出行的功能；而随着城市规模扩大、开始组团化发展，城市内长距离出行需求增加，为满足交通效率需求而会发展出行驶标准更高的道路，于是城市道路开始形成不同的等级。高等级道路，尤其是构成环射骨架路网体系的快速路，除了承担高效服务长距离交通的基本功能，还因其线形连续、廊道宽阔，天然地承担框定城市空间格局、引导用地发展的功能。

从路网形成的时间轴角度看,对于武汉这样历史悠久的城市来说,道路建设与城市发展的能动关系也存在着阶段性的变化。在城市发展早期,道路建设主要满足新增用地出行需求,从建成区向外同质化自然生长。而随着路网发展进入超前规划阶段,尤其是环射快速路网的规划提出后,路网便从被动适应城市用地转向引导城市用地。

本节将沿着城市发展的时间轴,简要回顾武汉城市路网的演变过程,重点对武汉市快速路网的形成作一个全景式概述。

2.2.1 城市路网的演变过程

与城市空间形态演变同步,武汉市路网形态也呈现出明显的阶段性,可以概括为城市早期的滨江鱼骨状路网、三镇相对独立时代的方格网状路网和三镇一体化时代的环射路网形态。

城市早期的鱼骨状路网。为了适应明清时期依托水运及陆上短途疏散的客货流模式,形成了顺江长街、垂江短巷的路网形态(图2-15)。顺江方向为主街,长度达3~5km,宽度为5~7m;垂江方向为巷道,长度为50~200m,宽度仅2~5m。在汉正街地区,至今仍保留有这种长街短巷的鱼骨状路网形态(图2-16)。

三镇相对独立时代的方格网状路网。机动车时代,三镇各自向垂江方向纵深发展,分别形成了方格网状路网(图2-17)。

三镇一体化时代的环射路网。从1996年版武汉市城市总体规划确定了主城区环射路网格局,布局跨江通道衔接两岸道路,经过20余年建设,最终将三镇路网纳入一体化发展框架,并形成了城市环射路网形态(图2-18)。

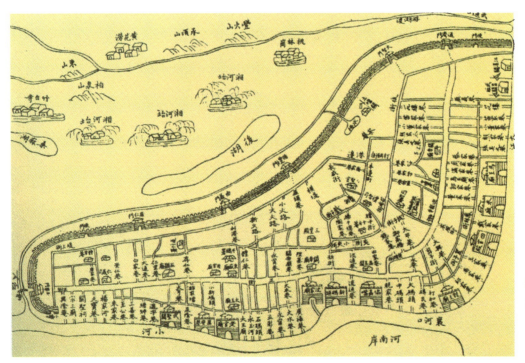

图2-15 武汉城市发展早期鱼骨状路网形态

图片来源:吴之凌. 武汉百年规划图记 [M]. 北京:中国建筑工业出版社,2009.

图 2-16 汉正街（汉口老城区）现状道路肌理，仍留有鱼骨状路网的痕迹（编制时间：2014 年 2 月）

图 2-17 20 世纪 60 年代城市发展采取了方格状路网布局

图例　━━ 现状快速路　━━ 现状主干路　━━ 现状次支路

图 2-18　武汉市主城区（三环内）2020 年现状路网

2.2.2　快速路的产生与发展

快速路雏形初现：一环线、三环线初步成形

早在 1959 年版武汉市城市总体规划中，组成一环线的各路段均已明确，但各路段独立建设，相互联系转换功能薄弱，尚未出现成环的概念。实际上，武汉市的一环线是先由三镇相互独立的干路，通过过江通道串联而自然形成的。1956 年通车的长江大桥，将汉口武胜路、汉阳琴台大道、武昌武珞路连通，构建了一环线的"南半环"，当年被武汉人称为"航大线"（航空路至大东门），是武汉 20 世纪 50～80 年代唯一的过江通道；自 90 年代初期起，武汉市陆续实施了解放大道航空路立交、循礼门隧道、武珞路大东门立交等一系列节点立交工程，一环线大部分路段实现了连续交通流，具备了低标准的"快速交通"功能；1995 年长江二桥通车，武昌徐东大街与汉口解放大道连通，一环线"北半环"实现贯通、整体画圆。一环线为分段建设改造而成，总体上是"地面道路＋节点立交"形式，并未完全达到快速路标准；随着用地开发成熟,一环线受到的用地制约也越来越大,至今未全线形成标准快速路。

三环线按照完整环线形态控制,最早出现于1988年版武汉市城市总体规划中,当时称为中环线。1988年版武汉市城市总体规划中,提出三镇道路规划相对独立自成体系,又要方便三镇联系组成全市系统,预留了青山至谌家矶、鹦鹉洲至白沙洲的过江桥位作为中环线过江通道,形成衔接三镇的快速环路。在道路功能上,由于当时的城市建成区规模较小,距离规划中环线线位较远,中环线按照公路功能控制,并结合中环线规划布局了长途客运集散中心等,在放射状公路出入口规划包括停车场、洗车场、加油站、维修点、仓库、旅馆等服务设施的货运集散基地。在线位选择上,中环线大部分路段遵循城市地理特征,北段沿张公堤布置,东段和南段沿东湖、野芷湖布置,过长江段选择在天兴洲、白沙洲这两处江心洲,过汉江段最初选择古田地区、穿越工业区,后期在1996年版武汉市城市总体规划中西扩约2km至额头湾,最终确定了中环线线位。在建设上,三环线最早建设的是南侧过长江段,作为107国道改线通道(原通道利用长江大桥走向、穿越中心区)于2000年建成,2010年实现三环线全线贯通。

主城区快速路网规划成形:三条环线走廊定形,射线走廊出现

1996年版武汉市城市总体规划中,受到1991年《城市道路设计规范》CJJ 37—90发布、1992年全国第一条快速路(全封闭、全立交的北京二环路)竣工通车的影响,同时考虑城市规模增大、机动车保有量开始快速增长等现实需求,在总体规划中增加了二环线及放射快速路,提出主城区"三环十射"的快速路系统(图2-19)。早期规划的二环线由加密的

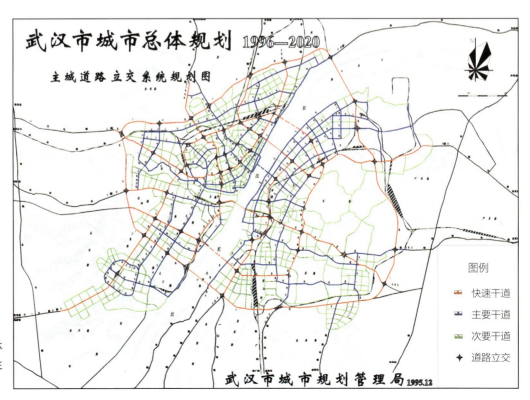

图2-19 《武汉市城市总体规划(1996—2020年)》主城道路立交系统规划图

二七过江通道、杨泗港过江通道等组成，对外环高速公路和三环线的走向也进行了优化调整，10 条射线道路为主城联系国道、省道和郊区县等对外交通干线的快速路。在三环线和外环线之间，规划 3 条联络线衔接汉口、武昌和汉阳三镇。至此，3 条环线走廊定型，快速走廊也基本明确。

快速路大规模建设阶段

自 2008 年起，武汉市年均新增机动车跳涨接近 20 万辆，至 2010 年，武汉市机动车保有量突破百万辆并持续高速增长，交通拥堵问题日益凸显。为适应城市机动化交通发展，武汉市于 2008 年启动实施"30 分钟畅通工程"，全市快速路体系迎来了超常规快速发展期（图 2-20），截至 2020 年底，主城区（三环内）快速路系统建成率达 94%。

目前在编的最新一轮的武汉市国土空间规划研究中，为适应大都市区一体化发展要求，未

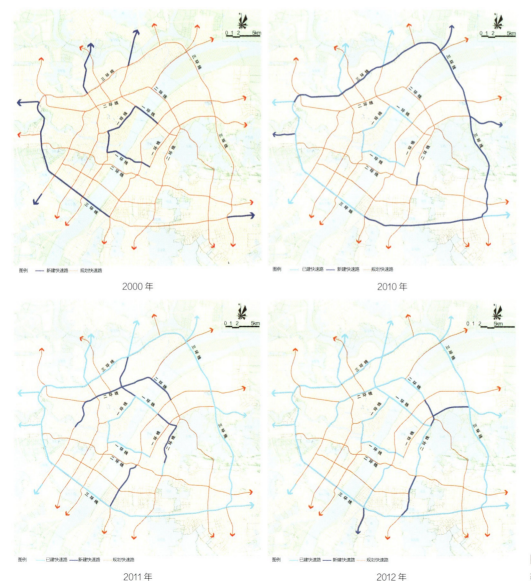

图 2-20　武汉市快速路网构建历程

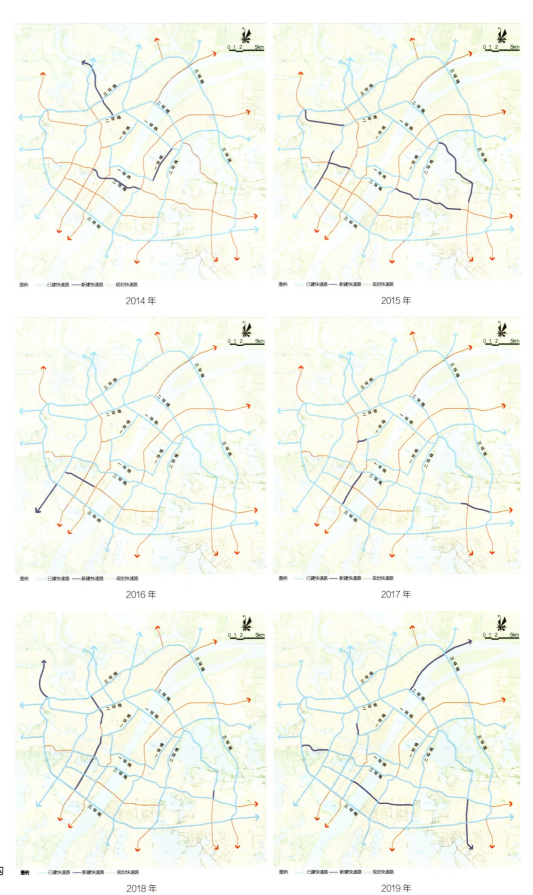

图 2-20 武汉市快速路网构建历程（续）

来重点在都市区范围内梳理整合快速路与高速公路，强化重点发展轴交通支撑，优化形成"环射结合、轴向成网"的路网新格局，市域范围内构建以高速公路、快速路为主的骨干路网体系，强化主城、副城、新城组群及重要功能节点之间快速交通联系，远期形成"6环24射多联"的高快速路网体系（图2-21）。

环射路网体系规划，是城市道路网络发展历史上的一个重大转折，标志着城市道路建设从被动适应城市用地拓展的自然生长，进入网络化体系构建、引领城市格局拓展的新阶段，如二环线汉阳区四新段的规划与建设远远早于区域土地开发，对拓展城市空间、促进用地开发起到了显著的促进引领作用。

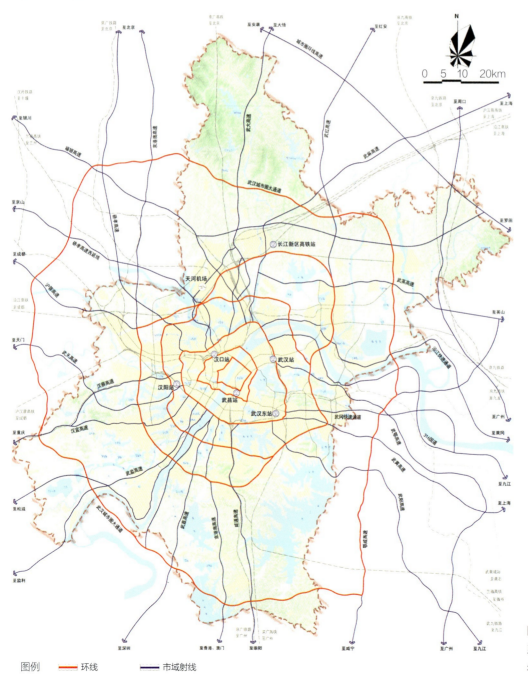

图2-21 武汉市域高快速路系统规划（编制时间：2022年6月）

参考文献 Reference

[1] 陈韦，等. 武汉百年规划图记 [M]. 2 版. 北京：中国建筑工业出版社，2019.

[2] 翁春萌. 武汉近代工业发展与城市形态变迁研究（1861—1937）[D]. 武汉：武汉大学，2017.

[3] 武汉地方志编纂委员会. 武汉市志——城市建设志（1840—1985 年）[M]. 武汉：武汉大学出版社，1989.

[4] 余培鸣. 晚清红夷大炮与汉口堡的兴废 [J]. 武汉文博，2016（2）：60-62.

[5] 涂文学，宋晓丹. 张之洞"湖北新政"遗产的历史命运 [J]. 江汉论坛，2003（8）：42-48.

[6] 水野幸吉. 中国中部事情 [M]. 武汉：武汉出版社，2014.

[7] 王葆心. 续汉口丛谈，再续汉口丛谈 [M]. 武汉：湖北教育出版社，2002.

[8] 汪瑞宁，等. 武汉铁路百年 [M]. 武汉：武汉出版社，2010.

[9] 陈韦，等. 远见：武汉规划 40 年（1979—2019 年）[M]. 北京：中国建筑工业出版社，2019.

[10] 吴剑杰. 张之洞与近代中国铁路 [J]. 武汉大学学报（人文科学版），1999（3）：6.

[11] 刘剀. 武汉三镇城市形态演变研究 [M]. 武汉：华中科技大学出版社，2017.

[12] 周围. 历史地图和影像中的汉口华界城市空间要素演变研究 [D]. 武汉：华中科技大学，2019.

[13] 吴之凌，等. 武汉百年规划图记 [M]. 北京：中国建筑工业出版社，2009.

[14] 宗绪盛. 老地图中的京汉铁路与南口车站 [J]. 北京观察，2014（6）：74-80.

[15] 武汉市规划研究院. 武汉市城市圈建设"两型"社会综合配套改革试验区空间规划 [Z]. 2008.

第二篇
系统布局规划

03
武汉快速交通发展模式

04
武汉市快速路体系布局

05
快速路体系用地控制

03 武汉快速交通发展模式

城市快速交通首先依赖于机动化交通出行工具，但机动化交通想要高效、经济地运行，真正能够满足城市的需求，还需要根据城市规模、人口数量与密度等诸多复杂因素完善其基础设施体系。因此，每个城市都需要根据自身特征，制定相应的综合交通发展策略，选择快速交通的发展模式。

3.1 城市快速交通的实现方式

城市中大部分交通出行是服务于居民完成各种活动，如上学、购物等，交通出行本身是手段而非目的，是一种派生性需求，因此相较于其他活动，人们对交通出行时间和费用容忍度是有限的。为了最小化出行成本尤其是时间成本，人们一直致力于出行速度的提升，一方面是借助科技手段不断提升交通工具的动力性能，另一方面是通过基础设施建设来保障动力性能充分发挥。从城市层面来看，规划建设快速交通体系，需要从各种快速交通方式的技术特征、服务特征、实施难度方面开展多角度综合评估。

3.1.1 主要快速交通工具的技术特征

交通工具按动力属性可分为非机动化交通和机动化交通，非机动化交通工具主要包括自行车，机动化交通工具主要包括摩托车、汽（电）车、火车、船舶、飞机等。各种交通工具的实际行驶速度差异巨大，首要的影响因素是工具自身的动力性能，决定着理论上可以达到的"性能速度"，如自行车骑行受体力限制，连续骑行速度一般仅能达到15~20km/h，而小汽车的设计速度则可以达到200km/h以上。但城市中交通工具所能达到的速度往往小于"性能速度"，又被称为"旅行速度"，"旅行速度"以交通工具性能为基础，但也受到交通环境的制约。交通环境含义宽泛，可以包括天气、温度、交通流状况等，但最重要的是"通行路权"，行驶空间的充足性和连续性是影响旅行速度的关键因素。例如，2017年武汉主城区高峰小时快速路上小汽车平均行驶车速为38.6km/h，而次支路上的车辆受制于信号控制频繁、空间宽度局促、交通流组成复杂等多重阻力，平均行驶车速仅有18.3km/h，见表3-1，不到快速路的一半。为了最小化交通工具在行驶过程中遇到的出行阻力，最大限度发挥交通工具的动力性能，最有效的方法就是提高交通设施的建设标准，为机动化交通工具提供专有路权。目前大众化的快速交通工具包括快速路与轨道交通，都是基于专用路权实现的，即采取立体或封闭的地面通道形式，为汽车和轨道车辆提供控制出入、独占路权的行驶条件，保障小汽车与轨道车辆不受干扰地连续通行，进而实现快速交通出行的目标。

武汉市主城区全路网高峰小时平均车速表（单位：km/h）　　表 3-1

类别 / 年份	2016 年	2017 年	2018 年
全路网	21.3	23.2	23.5
快速路	33.9	38.6	37.0
主干路	20.2	21.0	22.5
次支路	18.1	17.8	19.2

注：本表数据源自 2019 年武汉市交通发展年度报告。

3.1.2 不同快速交通方式的服务特点

从需求层面看，虽然快速路和轨道交通均能实现快速运行，但两者在用地关系、服务范围、运输能力等方面有着显著不同。

在用地关系方面，城市快速路从兼顾交通效率、避免用地切割、节省工程投资方面综合考虑，由于隧道形式造价高昂、地面形式用地阻隔影响过大而相对较少采用，最为常见的建设形式为高架道路。而轨道交通线路则充分利用小尺寸盾构的技术优势，一般采取盾构隧道这种对城市用地影响相对较小的形式建设，而高架轨道和地面轨道则作为辅助建设形式，用于郊区或者有轨电车等标准略低的轨道线路建设。

在服务范围方面，单条快速路的服务范围要大于单条轨道线路。快速路仅服务汽车交通，通过互通立交、进出匝道等实现与低等级城市道路的衔接，出行链全过程均使用小汽车，可以实现出行者全过程门到门直达。得益于小汽车自身的机动化效率及灵活性，单个快速路出入口的覆盖半径可达数公里（武汉市快速路系统按照 1.5km 服务半径布局快速路进出口），意味着每条快速路可有效便捷服务相邻数公里的城市空间。相比而言，轨道交通末端出行一般还需要通过慢行、公交等其他交通方式接驳，以最常见的步行接驳计算，单个轨道站点的有效服务半径在 600～800m，末端换乘距离过远会导致轨道交通出行效率显著降低，因而单条轨道线路的服务范围相比于快速路要小。

在运输能力方面，单条快速路每小时断面通行能力为 1.6 万～2.2 万人次（以设计车速 80km/h、双向 6 车道的快速路为例）；单条地铁线路每小时断面通行能力为 4.5 万～7.4 万人次（以 6 节编组 A 型车为例），以乘客数量而言，轨道交通的大运量优势明显，但要求临近轨道站点有较高的人员和岗位密度。

城市快速交通发展需要充分考虑快速路、轨道交通在用地关系、服务范围、运输能力方面的差别。一般而言，用地资源充足、人口密度低的大城市多选择以小汽车为主导的交通模式，通过高快速路系统实现长距离快速交通。如美国第二大城市洛杉矶，人口约385.7万，行政市的面积为1214km^2，与周边长滩、阿纳海姆组成的都会区占地面积则达到12562km^2，人口约1300多万，是典型的多中心、低密度的城市形态（图3-1），城市快速交通主要依赖高速公路系统，据统计2000年大都会区各级路网总长度为34103km，其中高速公路长约848km，承担了52%的交通量。私人小汽车交通在洛杉矶城市交通中占绝对主导地位，1998年洛杉矶都会区私人小汽车交通出行量占总出行量的比例高达96.6%，公共交通出行量

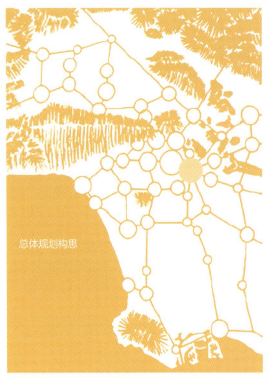

（a）多中心城市形态

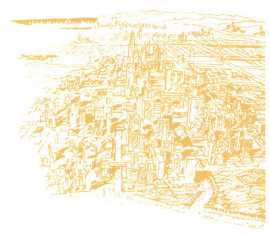

（b）高密度中心和低密度郊区

图3-1 洛杉矶是典型的低密度形态，仅核心区形成高层建筑聚集区

图片来源：肖莹光. 洛杉矶城市空间特征浅析[J]. 国际城市规划，2015，30（4）：79-87.

图 3-2 香港是典型的高密度城市
图片来源：陈可石，崔翀. 高密度城市中心区空间设计研究——香港铜锣湾商业中心与维多利亚公园的互补模式 [J]. 现代城市研究，2011，26（8）：49-56.

占比仅为 3.4%。在 2000 年，洛杉矶都会区的机动车总数为 652 万辆（其中私人小汽车为 513 万辆），千人机动车拥有量达 685 辆。

用地紧张、人口密度高的大城市则适宜构建以轨道交通为核心的公共交通主导模式，甚至主动限制小汽车出行，如中国香港（图 3-2），截至 2020 年底，香港人口约 748 万，陆域面积约 1110km^2，但是城市建设用地仅占全部土地面积不足 25%，建成区人口密度每平方公里超过 27000 人。香港早在 20 世纪 70 年代就构建了以公共交通为主的交通发展模式，打造了以铁路为主干，以公交车、出租车、轮渡、电车及轻轨为接驳的公共交通系统，2020 年香港公共交通日均载客量约为 895 万人次。

就国内的大城市而言，因为同时存在用地规模大与人口密度高的双重特征，单一的快速路系统或轨道交通系统都无法满足城市快速交通发展的需要，在构建快速交通体系上也都是采取"轨道网 + 快速路"结合的方式，共同支撑城市有序拓展。武汉作为千万级人口的特大城市，全市快速交通发展模式同样也采取了兼有高快速路系统和轨道交通系统的综合发展模式。

3.1.3 不同快速交通模式的实施要求

城市选择快速交通形式还需要综合考虑成本与效益、项目立项审批难度等。以常见的高架快速路来说，每公里工程建安费用为 3 亿～4 亿元；轨道交通一般采取地下盾构隧道建设方式，每公里工程建安费用为6亿~8亿元（统计武汉近期工程案例得出，未计算征地拆迁费用），约为快速路的两倍。从发挥效益的周期来看，单条快速路建成后，对平行通道的分流作用立竿见影，如长约17km的北京二环路北半环，即使在尚未达到完全连续流标准时，就承担了北京市城区全部交通流量的45%；而轨道线路则存在初始投资规模大、经营成本高、投资回收期长等问题，2004年武汉轨道交通1号线一期刚投入运营时，日均客流量仅2500人次，至2007年增长至2.5万人次，直至2018年沿线用地开发成熟、轨道线路延长后，才增长至40.5万人次。

正是由于轨道建设成本高、周期长，其准入门槛较快速路更高，按照《国务院办公厅关于进一步加强城市轨道交通规划建设管理的意见》（国办发〔2018〕52号）要求，申报建设地铁的城市一般公共财政预算收入应在300亿元以上，地区生产总值在3000亿元以上，市区常住人口在300万以上，而且地铁的建设时序、建设规模、资金保障均须通过国家发展改革委批准。相比而言，快速路的规划、建设门槛则低得多，按照《城市综合交通体系规划标准》GB/T 51328—2018，规划城市人口规模100万及以上的城市就应该规划高等级道路承担长距离联系交通，而城市道路规划、建设权限均在地方政府，在项目立项、建设方面远比实施轨道交通更易操作（表3-2）。

城市轨道交通与快速路建设门槛比较 表3-2

项目		轨道交通	快速路
准入门槛		申报地铁的城市一般公共财政预算收入、地区生产总值分别为300亿元、3000亿元	无准入审批要求，由各城市自行决策
审批层级		国家发展改革委批复	地方政府
工程因素	工期	4~6年	2~3年
	工程造价[1]	6亿~8亿元/km	3亿~4亿元/km
覆盖范围		以站点为圆心，一般800m半径内为有效覆盖范围	线路两侧2~4km带状空间

注：[1]指普通地质条件下的工程建安费，不包括征地、拆迁等其他费用。其中，快速路建设形式、规模不一，表中的快速路造价系统计武汉市近期实施的高架主线6车道+地面辅路6车道的城市快速路典型规模标准路段测算。

从国内北京、上海、武汉等大城市的快速交通发展历史和建设现状来看，历史上快速路网的建设时序均早于轨道线网，在快速路网基本成形的前提下，轨道线网建设依然任重道远。而很多中等城市受限于人口规模、政府财力等，无法大规模发展轨道交通，快速路更是成为实现城市"速度自由"的唯一选择。

3.2 武汉市快速交通发展模式

3.2.1 武汉市综合交通发展需求与策略

武汉城市交通发展面临着现实压力和发展需求的双重挑战。根据第七次全国人口普查数据，截至 2020 年末，武汉市常住人口已达 1232 万，2019 年地区生产总值 1.62 万亿元，城镇建设用地接近 1000km²。而根据最新一轮武汉市城市总体规划中由北京大学课题组开展的人口预测专题，至 2035 年，武汉市域常住人口规模或将达到 1660 万，此外尚有 350 万短期流动人口（居住三天以上、半年以下），即远期武汉市域交通系统需承载约 2000 万人口的出行。按国家标准人均用地上限测算并考虑短期流动人口服务需求，武汉市至 2035 年城镇建设用地总规模将达到 1730km²，较现状规模增长 70%；城市建设用地将在 2025 年之前保持较高增长趋势，并在 2035 年之前逐渐趋缓，这也与目前武汉新城区快速发展的现状吻合。

结合国际上特大城市的发展规律来看，武汉市在市域人口与空间格局扩张的同时，将从现状单一大都市发展为以武汉为核心、辐射周边中小城市的城市圈，而这一城市圈的范围取决于区域快速交通体系的效率。借鉴东京、巴黎、伦敦等按照通勤交通的"时间半径"，参考 1 小时铁路、轨道、高速公路等服务范围，综合考虑通勤、经济、人口、生态、重大基础设施等要素，武汉城市圈覆盖 150km 半径范围，联合 8 个城市构建"一核一带三区四轴"的区域发展框架，重点加强核心武汉与鄂州、黄石、黄冈的一体化发展，并向北、西、南三个方向形成武汉—孝感、武汉—咸宁、武汉—仙桃—洪湖城镇产业集聚发展轴，形成武汉城市圈空间发展的极核和廊道效应（图 3-3）。区域一体化发展背景下，武汉城市交通将以建设更高效便捷的枢纽城市为总体目标，从打造国际综合交通枢纽、塑造"轨道＋慢行"引领的绿色出行模式、创建全域一体完备的路网新格局、实施可持续的交通发展政策等多个方面构建全市综合交通体系。

3.2.2 武汉市快速交通的基础——"两张网"

1. 快速路网和轨道网规划概况

武汉市快速交通体系由快速路网与轨道网共同组成，分别满足个体出行和公共出行对效率的要求。快速路网承担着空间格局划分、组团快速联系、城市过境分流、对外交通联系等多重功能；轨道线网主要沿客流走廊敷设，承担支撑功能区高质量发展、引导用地集约开发、促进土地价值增值等功能，是城市公共交通体系的主体。

在快速路网方面，武汉市主城区快速路网历经"三环十射""三环十三射"等发展阶段，规划最终布局"三环十五射多联"快速路网，总长约 305km。在市域范围内，规划布局"六环二十四射多联"的高快速路网（见第 2 章图 2-21），其中市域范围内高快速路总长不低于 2135km。通行效率上实现城市中心区 30 分钟以内，市域范围 60 分钟以内的时效目标。

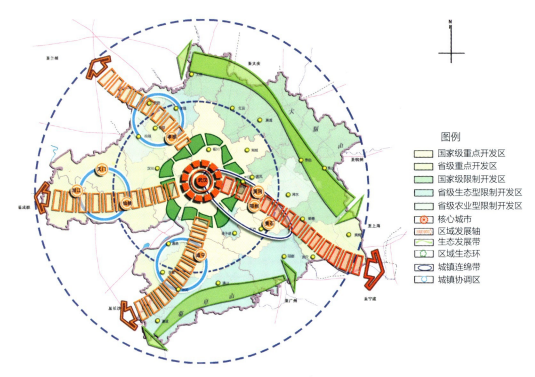

图 3-3 武汉城市圈空间规划结构图（编制时间：2008 年 9 月）

在轨道交通方面，规划通过差异化制式支撑各圈层的交通需求，武汉市域（30~60km）以城市轨道为主、武汉大都市区（60~80km）以市郊铁路和城际铁路为主、武汉城市圈（80~150km）以城际铁路和高速铁路为主。主城区范围内规划轨道线网总长度约 643.3km，全市域内规划布局"环网交织、快线穿城、轴向放射"、总规模约 1200km 的城市轨道网，轨道线网布局有望覆盖主城区 90% 的人口和岗位，实现重要交通枢纽、市级中心、新（副）城中心之间 30~45min 互通可达、新（副）城中心至主城核心区的出行时间小于 30min。

2. 轨道和快速路"两张网"实施概况

武汉市快速路网的建设整体上早于轨道网。自 1996 年版武汉市城市总体规划中明确主城区"三环十射"的快速路网络体系后，武汉市快速路发展便开始提速。2008 年武汉市政府工作报告提出"30 分钟畅通工程"，核心要求包括完善一环线、加快建设二环线、基本建成三环线；截至 2022 年，武汉市主城区范围内已建成快速路约 290km，最后一条快速射线也在建设之中（图 3-4）。

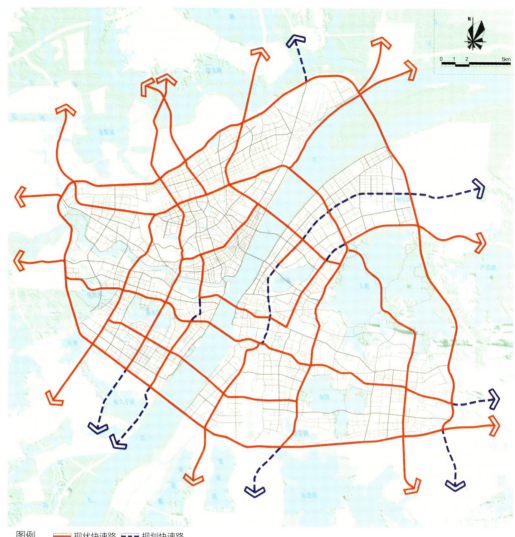

图 3-4 2022年主城区现状快速路网分布图

图例 ——— 现状快速路 ----- 规划快速路

相比而言，武汉市轨道网络建设则相对滞后。1996年武汉市就编制了第一轮轨道交通线网规划，并于2004年建成第一条轨道线路（1号线部分路段），但直至2012年第二条轨道线路（2号线）才实现通车。经过近年来大力建设，截至2022年底，武汉地铁运营里程约460km（不含有轨电车）（图3-5），但规划实现率仍远低于快速路网，当前及未来一段时间，轨道交通将是武汉市健全城市快速交通体系的重中之重。

正是高快速路网与轨道线网的构建，两种快速交通方式有效支撑了城市空间拓展，为国家中心城市的建设夯实了基础。

武汉快速路体系规划与建设

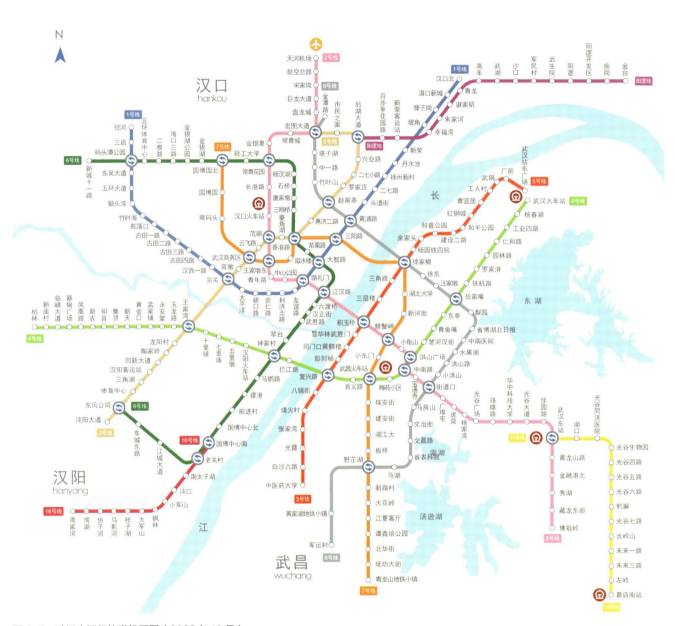

图 3-5　武汉市运行轨道线网图（2022年12月）
图片来源：武汉地铁官网．https://www.wuhanrt.com/public_forward.aspx??url=Route_details.aspx

3.3 快速路体系规划的核心目标

合理确定快速路系统规划目标,是开展快速路网络规划和建设计划的前提。快速路网承担着提升城市路网容量、实现快速交通效率、支撑城市空间格局等多样化功能,快速路系统的规划也需要兼容考虑多重目标,结合城市特点、发展阶段、功能定位等因素综合确定。

武汉市在开展快速路体系规划过程中,提出了规模目标、效率目标、承载力目标以及环境目标4个子项目标。

规模目标,即快速路网长度和道路规模与城市规划用地、人口规模相匹配,旨在将快速路网打造为城市路网的骨架,为城市提供足够的道路交通容量。当前学术研究上关于判断快速路网合理规模的方法较多,依据其原理可以将快速路网归纳为需求测算与案例对比两类。武汉市快速路系统规模,主要使用了时空消耗法和密度类比法两种方法综合研究确定。时空消耗法就是根据有控制条件下的城市车辆发展需求、快速路设施的时空消耗来确定城市快速路合理规划建设规模;密度类比法就是通过快速路网的密度来推算快速路网的规模,密度则依据国家规范以及国内外同类城市快速路规划指标确定。综合两种算法结果,武汉市主城区规划快速路网的密度为 $0.56km/km^2$,快速路网总规模约305km。

效率目标:主要考虑使用快速路的完整出行活动,总时间控制在可接受范围内。因此需要对快速路系统内出行时效目标、快速路系统与其他等级道路衔接时效目标两部分进行精细化研究确定,并指导快速路线形、出入口设置等详细设计。通勤时间是衡量人们生活质量的重要指标,为了提升市民的幸福感,《武汉市2008年政府工作报告》中提出了中心区"30分钟出行"的目标,武汉市快速路系统规划也是将"二环线内30分钟畅通工程"作为总体要求。考虑到小汽车使用快速路的出行全过程包含进入快速路、快速路内行驶、驶出快速路三个部分,规划对"30分钟"也进行了分解,二环线以内按照"5+20+5",三环线以内按照"10+30+10"控制,即车流5~10min快速驶入快速路系统、在快速路系统行驶20~30min、驶出快速路系统后5~10min到达目的地。基于分解后的目标分别展开快速交通组织和衔接交通组织研究。

承载力目标:合理确定快速路在城市道路交通中的分担比例。上海、广州等城市快速路承担市区机动车出行量的比例在25%~40%,这些城市都具有跨江快速交通的出行特点,与武汉市越江滨水发展的局面具有相似性。武汉市快速路规划的分担率取值为30%~35%。

环境目标:一方面是适应武汉市大江大湖地理特色,另一方面是需要与土地利用相协调,其中面临着诸多矛盾性的要求,如既要考虑衔接重点组团又要避免用地分割,既要服务重大交通枢纽快速到发又要兼顾城市开发服务功能,既要加强主城与新城交通联系又要实现对中心区域的交通分流保护等。

3.4 快速路体系规划的技术路线

武汉市快速路系统规划统筹考虑了城市规模、城市空间结构、社会经济发展等诸多因素，主要通过 3 个阶段推演确定。第一阶段是明确快速路系统的建设规模，主要基于人口规模、出行强度、用地布局、交通结构等开展交通需求分析，得出城市道路网规模后通过路网级配标准测算；第二阶段是确定快速路系统的总体布局，主要依据用地空间布局、重大交通枢纽布局、对外衔接通道布局等识别出城市交通的关键节点，通过合理的网络布局实现关键节点的快速联系；第三阶段是确定快速路廊道的车道规模，主要结合交通廊道的详细需求预测，统筹考虑轨道交通、主干路等其他服务设施的供给水平综合确定。总体上技术路线如图 3-6 所示。

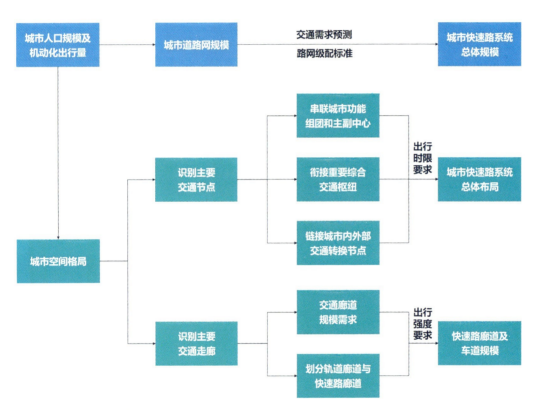

图 3-6 武汉市快速路体系规划的技术路线

参考文献 Reference

[1] 肖莹光. 洛杉矶城市空间特征浅析 [J]. 国际城市规划，2015，30（4）：79-87.

[2] 香港特别行政区政府统计处. 香港统计年刊 2021 年版 [EB/OL].（2021-10-1）[2022-07-21]. https://www.censtatd.gov.hk/en/data/stat_report/product/B1010003/att/B10100032021AN21B0100.pdf.

[3] 胡国军. 我国大城市快速路规模与布局研究 [D]. 南京：东南大学，2005.

[4] 陈可石，崔翀. 高密度城市中心区空间设计研究——香港铜锣湾商业中心与维多利亚公园的互补模式 [J]. 现代城市研究，2011，26（8）：49-56.

[5] 吴挺可，王智勇，黄亚平，等. 武汉城市圈的圈层聚散特征与引导策略研究 [J]. 规划师，2020，36（4）：21-28.

[6] 武汉市规划研究院. 武汉城市圈空间规划 [Z]. 2008.

04 武汉市快速路体系布局

武汉市环射路网体系规划最早成形于1996年版武汉市城市总体规划中，第一轮城市环射路网规划有3条环线和10条射线，统称为"三环十射"。随着城市和交通发展历经多年来规划完善，目前武汉市主城区形成了"三环十五射"的环射路网格局。武汉市的环射路网与多山多水的地理特征相适应，环线成为不同城市圈层的识别线，射线则锁定了城市重点发展轴，体现了环射骨架路网与城市用地格局的紧密耦合。

4.1 快速路系统布局

4.1.1 总体布局

武汉市主城区目前规划的快速路网体系包括3条快速环线和15条快速射线，总规模约305km（图4-1）。3条快速环线适应武汉两江四岸、三镇鼎立的地理格局，每条环线均两次跨越长江、一次跨越汉江，衔接武汉三镇。环线

图4-1 "三环十五射多联"规划图（编制时间：2022年6月）

作为城市圈层发展和组团布局的空间识别线，由内而外的 3 条快速环线分别围合形成了老城区、中央活动区、主城区等空间范围；15 条快速射线是指以二环线为起点形成的快速进出城道路，顺应城市沿江展开、垂江拓展的空间特征，服务组团联系及进出城交通。

在主城区外围也形成了以高速公路为主体的环射路网体系，环线横向连接外围组团、分流过境交通、截留进城交通；射线支撑组团轴向发展，对外衔接相邻城市、对内联系主城区快速路系统，整体形成了武汉市域"六环二十四射"的高快速路系统布局，而三环线成为主城内快速路系统与市域高速公路体系的转换通道（见第二章图 2-21）。

4.1.2　总体功能规划

各条环线除了基本的交通功能之外，在匹配城市用地上也有着各自的功能特色。一环线围合区域面积 44km²，是武汉老城区，区域内重点发展商业贸易、文化娱乐、旅游休闲功能，环线建设需兼顾保护历史文化风貌、塑造滨江城市景观等要求，重点提供大容量交通集散服务，保护老城区交通环境。二环线围合区域面积 137km²，是武汉中央活动区，集中分布着城市公共服务职能和大型公共服务设施，而进出城快速交通、城市跨区长距离交通出行也主要在二环线交会，因此二环线以承担城市快速交通输配功能为主。三环线围合区域面积约 527km²，是武汉主城区[①]与新城区的边界，在承担外围组团快速联系功能的同时，还需要有效保护主城区交通环境。各功能区范围如图 4-2 所示。

根据需求测算，主城区约 50% 以上的交通出行集中在二环线以内区域，快速路平均出行距离 11.3km，出行距离相对较短，交通供给策略上考虑优先提升路网容量。在二环线以外区域，快速路平均出行距离达到 14.5km，出行距离较长，承担着跨区域联系、交通枢纽疏解、进出城交通转换等功能，优先考虑效率要求。结合武汉市用地布局，以"中央活动区＋综合组团"的用地布局为基础，快速路网总体分为容量优先和速度优先两个区域。其中，二环线内是容量优先区，强调快速路高密度布局、路网衔接转换便捷，局部用地紧张路段可降低为快捷路标准，快速路网密度达 0.73km/km²；二环线外是速度优先区，路网密度可适当降低（0.45km/km²），但强调高标准建设，设计时速采取 60～80km/h，一般采取连续高架形式。

4.1.3　总体效率规划

1. 出行时效目标

主城区快速路网布局首先明确了"二环线 30 分钟畅通""主城区内 50 分钟畅通"的两个时效圈层目标。根据完整交通出行链，又将上述两个时效目标细分为：二环线内"5 分钟前端

---

① 历史上法定规划对武汉主城区的范围界定有过变化。《武汉城市总体规划（2010—2020 年）》定义主城区以三环线以内地区为主，也包括局部外延的沌口、庙山和武钢地区，总面积为 678km²；新一轮《武汉市国土空间规划（2021—2035 年）》将主城区界定为三环围合范围，总面积 527km²。按照对应的规划阶段，本章节提到的主城区范围为前者。

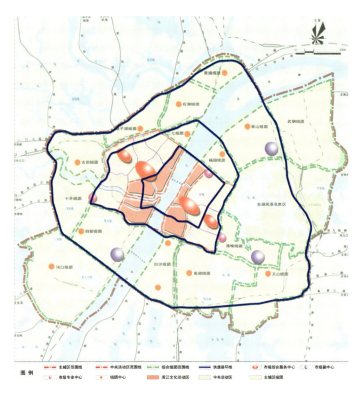

图 4-2 主城区用地圈层布局与环线结构高度重叠（底图为《武汉城市总体规划（2010—2020 年）》主城区规划结构图）

出行 +20 分钟快速路内部出行 +5 分钟末端疏解"，三环线以内"10 分钟前端出行 +30 分钟快速路内部出行 +10 分钟末端疏解"。进一步细化各出行环节出行时间要求，对快速交通组织和衔接交通组织分别展开研究，细化快速路体系布局。

在"20~30 分钟"快速交通组织方面，二环、三环内空间直线距离分别为 12.5km、23km，主城区快速路系统路网平均非直线系数为 1.4，对应平均行驶距离分别为 17.5km、32.2km。据预测，主城区范围内平均出行距离二环内为 11.3km、二环外为 14.5km，测算主城区一次出行需通过快速路枢纽节点转换的平均次数为 1.5~2.0 次，那么对应每 7km 行程距离就需要设置一处快快相交的枢纽节点。因此，二环线内区域应设置不低于 14 处枢纽型立交，三环线内应设置不低于 43 处枢纽型立交。

在"5~10 分钟"衔接交通组织方面，以平均行驶速度 25km/h 估算，行驶距离为 2~3km。按照快速路矩形围合范围测算（图 4-3），快速路系统服务单元面积二环线内应小于 16km²，二环线以外应小于 36km²。相应地，二环线以内 4km 行程距离、二环线以外 6km 行程距离内应设置至少 1 处主线与辅道转换节点。

2. 服务单元划分

为满足"5~10 分钟"进出快速路的衔接要求，以江湖、山体、快速路、主要干路及组团边界为界，将主城区划分为 17 个快速路服务单元，二环线以内区域交通服务单元规模控制在 15km² 左右，二环线以外区域交通服务单元规模控制在 30km² 左右。其中，汉口地区分为

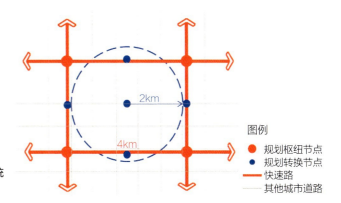

图 4-3　二环线内快速路系统服务单元面积示意图

图 4-4　武汉市主城区快速路系统服务单元范围划分（编制时间：2012年3月）

6 个服务单元，分别为黄浦、江汉、王家墩、后湖、塔子湖、古田；汉阳地区分为 4 个服务单元，分别为十升、四新、汉阳老城、沌口；武昌地区分为 7 个服务单元，分别为光谷、南湖、卓刀泉、白沙洲、武昌古城、徐东、青山。（图 4-4）

3. 服务单元衔接规划

依据快速路衔接组织要求，细化各单元的节点布局规模，提出配套的工程措施，指导快速路立交、匝道的设置（表 4-1、表 4-2）。

武汉市二环线以内区域服务单元衔接规划　　　　　表 4-1

序号	服务单元	围合面积（km²）	快速路规模（km）	枢纽节点（处）需求	枢纽节点（处）规划	转换节点（处）需求	转换节点（处）规划
1	黄浦片	15	12	2	3	3	6
2	江汉片	12	7	1	2	2	5
3	王家墩片	13	16	3	4	4	6
4	汉阳老城片	15	15	3	4	4	4
5	徐东片	23	25	4	4	5	5
6	武昌古城片	23	25	4	3	5	6

武汉市二环线以外区域服务单元衔接统计　　　　　表 4-2

序号	服务单元	围合面积（km²）	快速路规模（km）	枢纽节点（处）需求	枢纽节点（处）规划	转换节点（处）需求	转换节点（处）规划
1	后湖片	34	24	4	4	6	9
2	杨汊湖片	16	27	4	5	7	8
3	古田片	21	20	3	4	5	5
4	十升片	17	21	3	5	4	4
5	四新片	17	21	3	5	4	4
6	沌口片	60	24	4	9	4	5
7	青山片	28	21	3	5	4	5
8	白沙洲片	42	36	4	6	6	5
9	卓刀泉片	14	10	2	3	2	3
10	南湖片	38	19	3	4	4	3
11	光谷片	28	18	2	4	3	4

以黄浦片和白沙洲片为例。黄浦片服务单元由长江、二环线、香港路（城市主干路）围合而成，面积约 15km²，快速路总长约 12km。为落实区域内设置不少于 2 处枢纽转换立交、3 处快速路与常规道路转换节点的衔接控制要求，结合区域实际需求和条件，规划 3 处枢纽立交、6 处转换节点（图 4-5）。同时，提出拓宽改造解放大道下延线、澳门路、三眼桥北路，提升建设大道、二七路通行能力等配套工程措施。

白沙洲服务单元由长江、二环线、珞狮路、三环线围合而成，面积约 42km²，快速路总长约 36km。按照区域内设置不少于 6 处枢纽转换立交、6 对快速路与区域常规交通的转换节点的衔接控制要求，考虑到区域快速路网密度较高、覆盖较为均衡，重点加强了常规系统与快速路系统衔接节点的规划，片区内规划 6 处枢纽立交、8 处转换节点（图 4-6）。同时，提出加快实施与转换节点直接联系的建安街、南湖大道、白沙四路、丁字桥路南延线等配套工程。

图 4-5 黄浦片衔接组织规划（编制时间：2012 年 3 月）

图 4-6 白沙洲片衔接组织规划（编制时间：2012 年 3 月）

4.2 快速路环线规划与特色

4.2.1 环线作用

环线在武汉快速路系统中承担着衔接路网交通、保护交通环境、快速交通输配等多重功能。其中，外围环线主要串联新城组团，联系对外高速公路，承担过境交通；中间环线主要联系中心城区各大组团，承担市内长距离快速交通；内层环线主要截流核心区过境交通，保护中心城区不受穿城交通影响。

4.2.2 环线功能及特征

1. 一环线

一环线全长28km，主要为两江四岸核心区的商业、旅游、文化、办公、居住等功能服务，是武汉市老城区交通集散环（图4-7）。实际上，一环线并非是严格意义上全封闭运行的快速环线，而是由长江大桥、长江二桥、徐东大街、中南中北路、武珞路、解放大道、武胜路、鹦鹉大道等道路围合而成的"快捷环形通道"，其交通功能并非以快速通过为主，而是以大容量、便捷的衔接为特点，受历史建设条件制约，部分路段还承担着直接服务沿线地块集散交通的功能（图4-8）。根据交通统计，各路段集散交通量比例在42.8%~66.6%，平均出

图4-7 一环线总体建设形式及沿线组团分布（编制时间：2017年3月）

行距离为 5~6km，仅为环线长度的 1/5，到发功能较为显著。同时，解放大道、中南中北路及长江大桥、长江二桥分别为主城重要的顺江、垂江骨架通道，快速通过需求同样强烈。

（a）一环线徐东大街段，两侧用地以商业为主

图 4-8　一环线典型路段航拍图　　　　　　（b）一环线航空路立交—武胜路段

为在沿线开发成熟的背景下提升主线过境功能，结合用地条件，一环线采用地面道路和节点分离立交、少数路口设置互通立交和定向匝道的建设形式，将主要道路相交节点立交化以保障主线连续，地面通过路口灯控、远引掉头实现到发转换。现状武汉市一环线全线共设有3处隧道（循礼门通道、首义广场通道、洪山广场通道，均为主线4车道下穿隧道）、10处节点高架（武胜路立交、航空路立交、香港路立交、三阳路立交、黄浦大街立交、徐东大街立交、岳家嘴立交、中北路立交、大东门立交、琴台立交）及3处过江桥梁，目前一环线汉口段、汉阳段及武昌北段、武昌南段基本实现全线无灯控连续通行。武昌东中南中北路段受沿线用地、地铁及早期建筑等条件制约，路网条件脆弱、建设空间受限，在秦园路路口、车家岭、中南二路路口、武珞路路口仍保留有4处主线信号灯控路口，服务一环线与区域路网衔接转换。

2. 二环线

二环线全长48km，主要面向主城区提供跨区域快速客运交通服务，承担着中心城区过江交通、截流放射线快速交通，减少车辆穿越中央活动区的功能。二环线两侧分布有十余个居住组团及多个集居住、办公、商业、教育功能于一体的综合性组团，是串联武汉三镇各大功能组团的快速交通疏配环、中央活动区外围的交通保护环（图4-9）。根据调查，二环内交通出行总量约占主城区的50%，选择二环线出行的车辆平均出行距离为15~20km，长

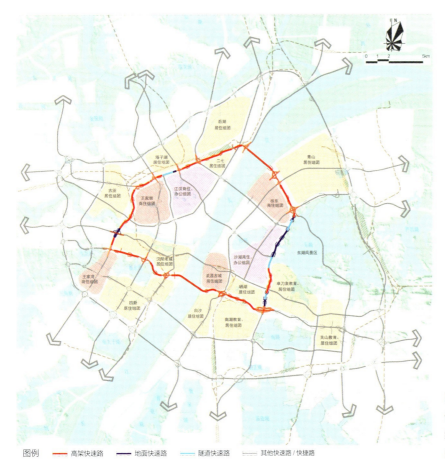

图4-9 二环线总体建设形式及沿线组团分布（编制时间：2017年3月）

距离交通服务特征明显。

二环线全线采取高标准快速路形式建设，实现车流快速疏配，总体以连续高架为主，局部段采取下穿隧道或地面建设形式，满足枢纽门户、风景区景观风貌及大学院校等大单位用地联系等特殊要求（图 4-10）。按照建设形式统计，高架段占比 79%，隧道段占比 7%，

（a）二环线水东段

（b）二环线珞狮路段

图 4-10　二环线典型路段航拍图

地面段占比14%。全线共设置16处互通立交衔接相交快速射线，设置45处上下桥匝道、12对地面主辅交换车道服务沿线功能组团，主线进出口平均间距约1km。全线均设置有辅道，服务快速环线与区域路网交通转换、区域到发交通组织等，避免快速路对两侧用地联系的割裂。

3. 三环线

三环线全长91km，两侧分布有10个新城组团和8个主城组团，新城组团多以工业、商贸功能为主，居住功能为辅，主城组团均是以居住功能为主，混合了行政、教育、会展、交通等功能的综合型组团（图4-11）。三环线既是主城区交通保护环，也是主城与六大新城之间交通联系的转换环，同时还是全市重要的货运通道。根据交通调查，三环线上交通流平均出行距离为20~30km，主要构成为通勤交通（32%）和货运交通（28%）。

三环线位于主城区外围，从功能优先、节省投资角度出发，采用地面、高架相结合的建设方式，与相交道路通过互通立交衔接。其中，东三环线（三金潭立交—天兴洲长江大桥—老武黄立交）全长31km，平行于府河、京广高铁敷设，以桥梁形式为主建设；南三环线（老武黄立交—白沙洲长江大桥）全长26km，48%的路线采用桥梁形式，其余为地面形式；西三环

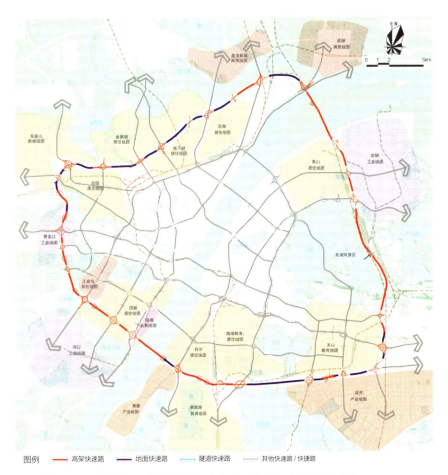

图4-11　三环线总体建设形式及沿线组团分布（编制时间：2017年3月）

线（白沙洲长江大桥—汉江长丰桥—额头湾立交）全长19km，经过近年来二次改造，从地面段改造为主线高架+地面辅道形式；北三环线（额头湾立交—三金潭立交）全长15km，平行于张公堤堤脚设置，主要以地面形式建设（图4-12）。三环线环绕主城区，通过射线衔接新城区，有效服务跨区通勤交通从而减轻中心城区交通压力。同时，依托三环线便捷的交通条件，武汉经济产业布局随着城市扩张进行了调整，硚口、青山、白沙洲等原主城区内的工业外迁，大批物流、生产和商贸企业沿三环线重新布局，在三环线与绕城高速环线之间，形成约148km^{2}的环状工业地带，而三环线也成为城市重要的货运交通走廊。

（a）平行于张公堤建设的北三环

（b）西三环

图4-12　三环线典型路段航拍图

4.2.3 过江通道

武汉两江分三镇的特殊地理形态,决定了一条衔接三镇的城市环线必须要两次跨越长江、一次跨越汉江,形成了武汉环线多桥的特色(图4-13)。跨江桥梁工程规模大、建设投资高,而且过江通道受到长江航道限制、桥位资源有限,是城市交通发展的稀缺资源。为充分服务三镇连通,过江通道的两岸接线往往也采取高标准规划建设以充分发挥过江通道的交通疏解功能,因此过江通道与两侧道路自然而然地衔接成环,可以说武汉城市环线是过江通道与城市路网自然发展相结合的产物。

武汉市主城区范围内长江河段长达25.5km,以两岸堤防为界,江面宽度平均在2km以上;汉江河段15km,江面平均宽度0.3km以上,最宽处达1.5km。由于江面较宽且河床冲刷线较深,隧道穿江方案存在埋深过深、与两岸滨江地区路网衔接困难等问题,因此环线过江通道首选桥梁跨江形式,以兼顾经济性和功能性。一环线由长江大桥、长江二桥、江汉桥

衔接组成，二环线由鹦鹉洲长江大桥、二七长江大桥、知音桥衔接组成，三环线由白沙洲长江大桥、天兴洲长江大桥、长丰桥衔接组成，环线跨长江通道间距2~7km，跨汉江通道间距5~8km。

受通航要求制约，跨江桥梁间距一般不得低于3km。由于跨江通道间距普遍大于城市路网间距，环线过江通道除了提供快速交通转换功能外，还兼顾两岸短距离到发交通。为避免长距离快速交通与短距离进出交通相互干扰，规划还在快速环线跨江通道上下游加密干路级别的过江通道以及慢行过汉江通道，以适应三镇各具特色又密切联系的一体化发展需求。

考虑到跨江通道资源稀缺，车行过江通道尽可能与轨道、铁路共通道设置，形成复合立体的交通走廊，如一环线长江大桥、三环线天兴洲长江大桥、长江公铁隧道均为公铁（轨）两用通道，规划待建的白沙洲公铁大桥也是兼顾城市道路过江与高铁过江双重功能。已建成的杨泗港长江大桥采用双层公路桥设计，上层桥对接两岸高架快速路系统，下层桥对接两岸地面区域路网，实现一桥多用，充分发挥过江通道资源优势（图4-14）。

图4-13 过长江通道航拍图（由近及远依次为三环线白沙洲长江大桥、杨泗港长江大桥、二环线鹦鹉洲长江大桥）

图 4-14 杨泗港大桥航拍图

4.3 快速路射线规划与特色

4.3.1 射线作用

在划定城市格局的空间方面，环线的功能更多体现为界定城市功能圈层，而射线更多体现在区分城市组团。在主城区范围内，射线承担直接服务外围组团的功能，射线密度和沿线进出口布置决定了快速路网的整体效率。从市域和都市圈层面看，射线是向内进入城市中心区最便捷的道路，向外衔接高速公路，射线效率直接决定了城市辐射能级，进而决定了城市、城市圈建成区的有效规模。

4.3.2 射线分布

1. 城市空间结构

早在武汉市 2010 年版城市总体规划中，就提出利用江河湖泊的自然格局和生态绿楔的隔离，由主城区向外沿阳逻、豹澥、纸坊、常福、汉江、盘龙等方向构筑六条城镇空间发展轴，布局 6 个中等城市规模的新城组群，组群之间控制 6 条生态廊道，打造"1+6"空间结构。

近年来，结合新一轮在编的国土空间总体规划，武汉市适应城市快速发展需要，延续提升"1+6"内涵，对照由小及大的全市域空间区域，进一步提出形成"两江三镇、六轴六楔、北峰南泽"的空间格局。其中，"两江三镇"指主城，即汉口、武昌、汉阳三镇既深度融合，又均衡发展；"六轴六楔"指以主城为核心，放射出的六大轴线串联起六大组群式新城，大东湖生态绿楔等六大绿楔成为城市生态屏障，避免城市"摊大饼"式发展；"北峰南泽"囊括了更大的市域范围，依托武汉北部山地、南部湖泊的资源特色，打造山地湖群魅力休闲区，构建生态大格局。"升级版"的空间格局规划更加注重各轴线的差异化发展，将发展轴线上的东南、西南、北部、东北 4 个组群升级为副城，以此突出科技创新、先进制造、枢纽物流等国家中心城市功能，并为未来发展预留可能（图 4-15）。

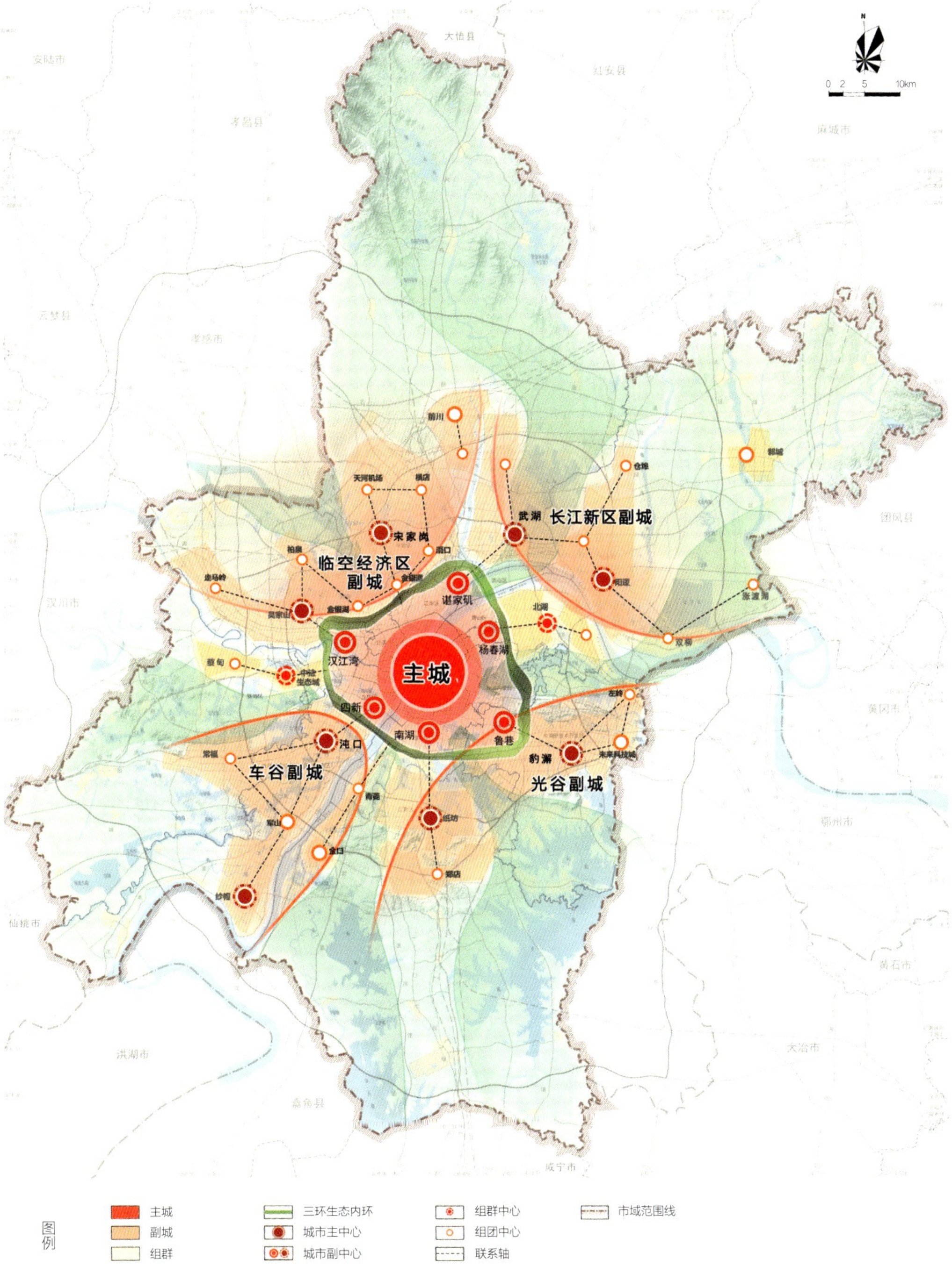

图 4-15 武汉国土空间总体规划（报审稿）城镇空间格局（编制时间：2022年6月）

图例：主城、副城、组群、三环生态内环、城市主中心、城市副中心、组群中心、组团中心、联系轴、市域范围线

2. 射线布局

射线布局既要考虑避免向心交通集中造成主城区交通拥堵，又要满足主城区与新城区的高效联系，其关键在于匹配交通体系与城市空间结构。以强化轴带交通联系为核心，沿城市发展轴布局高快速路、轨道交通为核心的"多快多轨"复合交通廊道，围绕交通走廊布置新城发展热点板块，引导主城与新城联系以公共交通为主、道路交通为辅的走廊化出行，强化中心集聚、融合和辐射能力，支撑城市空间结构轴有序拓展。

在市域层面，高快速路射线主要沿6条发展廊道配置，尽可能避免切割自然山水。考虑

图4-16 武汉市域复合交通廊道示意（编制时间：2011年9月）

各发展走廊也存在等级、规模方面的差异，根据用地格局、人口规模及交通需求，主要城镇发展廊道上布局不少于4条高快速路和4条主干路，次要城镇发展廊道上布局不少于3条高快速路和3条主干路，形成24条高快速路和24条主干路共同构成的对外联络干线通道走廊（图4-16）。

在主城层面，快速射线对内串联各片区，对外衔接高速公路，共形成15条射线。其中，武昌地区受湖泊阻隔，主要在临江以及东湖与汤逊湖之间"T"形带状用地上发展，规划的6条快速放射线中有4条顺江布置，衔接白沙洲、武昌古城、徐东、青山片区，另外2条垂江布置，衔接光谷与武昌其他片区。汉口地区由长江、汉江围合，腹地广阔，规划的5条快速放射线中有4条垂江布置，跨越穿城铁路线以"缝合"铁路两侧片区，指向东西湖、黄陂、新洲等新城的广大腹地；另外1条顺江布置，实现后湖片与中心区的联系。汉阳地区规划的4条快速放射线中有3条顺江布置，沟通四新片与汉阳老城、汉口地区；另外1条垂江布置，服务沿汉江片区及武昌地区（图4-17、图4-18）。

（a）常青路高架（跨京广铁路处）

（b）江北快速路

（c）江城大道

图 4-17　快速射线航拍图

武汉快速路体系规划与建设

图例 ——高架快速路 ——地面快速路 ——隧道快速路 ——其他快速路/快捷路

图4-18 主城区射线总体布局（编制时间：2017年3月）

在环射衔接方面，为避免外围交通直接冲击老城核心区，快速射线向内一般截止于二环线，进城交通分散至多条主干路再衔接一环线，对外则与三环线高标准互通衔接，形成自外向内多级疏解的进城交通组织模式。在高速公路与快速路系统衔接方面，由于高速公路进城段普遍采用路堤建设形式，对用地切割影响严重，武汉市进城高速公路射线的起点正逐步由三环线外向四环线附近外迁，如武黄高速公路三环线至四环线段正在实施快速化改造，原高速公路收费站从三环线附近外迁至绕城高速公路附近，而新老收费站之间的原高速公路将改造为城市快速路，以消除原路基式高速公路对两侧用地的分割影响，提升对沿线新城区域的服务功能。

4.4 立交节点规划

4.4.1 立交节点规划原则

环射线相交节点一般设置互通立交，立交节点是实现车流转换衔接的枢纽，也是快速路体系中最易出现拥堵的环节，类似于木桶效应中的最短板，立交枢纽转换效率决定了快速路系统的整体运行效率和承载能力。按照交通功能划分，立体交叉可划分为分离式立交和互通式立交，互通式立交又可分为完全互通式、部分互通式和交织型立交三种，每种立交形式的特点和适用性各不相同。例如，分离式立交，仅可保证直行方向的车辆分离行驶互不干扰，无法实现转向连续，但结构简单、占地面积小、投资造价低，适用于高等级道路与低等级道路相交；而完全互通式立交，作为功能最为完善、通行能力最高的立交形式，转向车流均配置有专用匝道，可以消除行车冲突点，提升行车安全性，但是占地面积大、建设成本高，适用于交通流量大、道路等级高的交叉点。因此，立交的布局与选型应充分考虑相交道路等级、交通需求条件及周边地形地貌，系统谋划，分步实施。

1. 与相交道路等级相匹配

不同等级相交道路交叉口的设置形式及原则如表 4-3 所示。

不同等级相交道路交叉口设置原则　　表 4-3

相交道路等级	快速路	快捷路	主干路	次干路
快速路	枢纽型互通式立交	枢纽型互通式立交、一般互通式立交	一般互通式立交、分离式立交	分离式立交
快捷路	—	枢纽型互通式立交、一般互通式立交	分离式立交	次干路车流右进右出
主干路	—	—	平面交叉口（渠化）	平面交叉口（渠化）
次干路	—	—	—	平面交叉口（渠化）

2. 与远期交通需求相匹配

快速路高标准的通行条件会在一定程度上诱增小汽车出行，实际通行流量极有可能会超过设计预期，往往会因局部节点通行能力不足而引发交通拥堵。因此，节点的规划设计宜在充分满足预测流量的前提下适当预留空间，以应对需求的超额增长。

3. 与周边建（构）筑物相协调

中心城区用地资源紧张，建设强度高，不适宜建设占地面积过大的立交（如苜蓿叶式立交），而外围城区用地条件宽裕，可供选择的立交形式更多，设计标准也可相应提高。由于立交建设体量大，其选型设计在满足交通通行的基础上，还应考虑景观影响，外观上宜简洁，结构上应节省，并与周边建筑的功能、风格、高度相协调。对于铁路、市政管线、历史建筑等控制性工程，应留足安全防护距离，保障工程安全。

4．与城市发展阶段相适应

城市快速路造价高、投资大，节点规划设计还应关注立交的经济效益，选择与城市发展阶段相适应的立交形式。若建设过程中受到建设资金的制约，还可采用先期预留用地及建设条件，分期、分批建设的方法，优先实施近期交通需求较大的主线和匝道。

4.4.2 立交节点总体布局

根据立交控制要求及设置原则，武汉主城区范围内规划控制枢纽型立交52处（图4-19），其中二环线以内转换节点采取简易立交为主，共设置区域枢纽立交18处；二环线以外转换节点宜采取互通式立交，共设置区域枢纽立交34处。

部分快快相交的枢纽立交可能受建设条件限制无法设置全互通立交，但一定区域范围内的

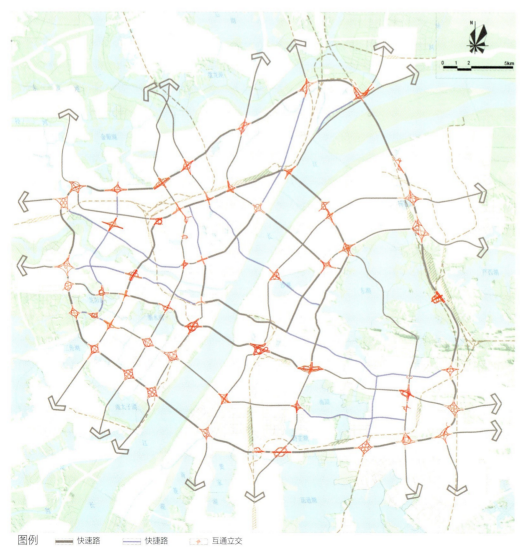

图4-19 快速路立交节点总体布局（编制时间：2017年3月）

图 4-20　梅家山立交航拍

快速路系统可利用相邻立交节点的配合使用实现不同方向的转换功能，这种配合对道路系统建设同步性要求较高。例如，二环线与白沙洲大道交点梅家山立交采取了地上、地下共 4 层的组合式互通立交（图 4-20）；2006 年先期建成了雄楚大街与中山路—白沙洲大道联系的"T"形隧道互通立交，实现了雄楚大街方向与中山路、白沙洲大道地面交通的转换；2015 年建成二环线与中山路、白沙洲大道高架衔接的"T"形高架互通立交，实现了鹦鹉洲大桥方向与中山路—白沙洲大道高架的快速交通转换。

4.5　辅助体系构建

受山体湖泊、单位大院及铁路分割影响，武昌东部、汉口北部等区域快速路的间距明显偏大，导致车流过于集中，城市重点功能区进出不便。另外，随着城市扩张发展，城市用地布局突破主城环线范围，在高新区、沌口等重点发展轴向上形成连续发展带，原有主城区内规划的环射快速路体系与城市结构产生错位。为解决上述问题，从完善路网布局、提升通道服务能力、优化系统结构等方面出发，规划构建了快速路系统的辅助体系，充分发挥快速路的运行效益。

4.5.1 新增快捷联络线，加密快速路体系服务范围

为解决快速系统局部区域覆盖率低、容量不足、便捷性不高等问题，在环射路网基础上配套规划了 8 条快捷联络线，主要通过主干路实施节点优化形成主线全部或部分连续交通流的快捷路，补充快速路系统覆盖薄弱区域，兼顾两侧地块的到发联系（图 4-1）。

东湖高新区受东湖、南湖阻隔，环线、射线间距偏大，规划快速路网密度仅 0.13km/km²，通过提升横向珞喻路（图 4-21）、南湖大道道路功能，纵向增设民族大道等 3 条快捷路，优化区域快速交通系统结构，提升区域快速交通的服务范围。汉十高速公路与主城射线缺乏直接联系通道，汉阳地区出口通道偏少，通过设置解放大道北延线、琴台大道 2 条快捷路，增强中心城区道路与快速出口道路的衔接联系，强化出口道路为中心城区服务的功能。二环、三环在古田地区间距 5.5km，中间无其他平行跨汉江通道，过江交通资源紧张，利用江汉六桥及

图 4-21　珞喻路段快捷联络线航拍图

接线道路良好的交通条件，新增 1 条便捷分流通道。同时，为进一步支撑汉口与汉阳、武昌之间跨江交通联系，将长江隧道—沙湖大道、青年路—鹦鹉大道 2 条通道提升为快捷路，整体提升中央服务区路网容量。

引入上述 8 条总长约 120km 的快捷联络线后，主城区形成了"三环十五射多联"的快速路网体系，快速路网密度由 0.56km/km² 提升至 0.78km/km²，进一步提高了快速路网的服务范围，使次干路与支路的车流能够迅速进入快速路网，缩短交通出行时间，降低交通出行成本。

4.5.2 谋划地下道路系统，提升快速通道效能

武汉市二环内快速系统以容量提升为主，核心区未布局快速穿越通道，一定程度上避免了外部交通对核心区的直接交通冲击。然而，作为城市最早发展成熟的区域，核心区人口密度高，用地功能综合，出行需求复杂，往往是交通拥堵的易发地和高发地。避免外围车辆直接穿越核心区，在保护老城区交通环境的同时，也导致到发、过境交通均集聚于一环、二环等快速路，造成解放大道、新华路、中山路、中南路、武珞路、东湖路等环线上的路段堵点集中，面临长期交通压力，拥堵呈现从点状向带状、面状蔓延的趋势。另外，受自然、用地条件限制，中心城区难以通过地面、高架等常规建设方式新增分流道路，汉正街中央服务区、二七滨江商务区、武昌滨江商务区等位于二环线内的重点功能区无法便捷衔接已有的快速路系统，难以支撑上述功能区的城市更新。

为消除交通瓶颈，兼顾城市环境品质，结合武汉市地下空间利用规划，规划在"三环十五射多联"快速路网的基础上，利用公园绿地、水体空间开辟战略性地下通道，形成全长 85km 的"两纵两横"地下道路网络，横纵道路相交衔接成环，形成中心区外围环状通道，改善地下道路连通性，服务三镇联系（图 4-22）。同时，结合环形通道设置沿汉江的射线隧道，使汉正街中央服务区地下空间与二环线直接对接，突破一环内滨江地区交通瓶颈。

规划的 4 条地下通道在不影响地面建设的情况下，通过挖掘地下空间潜力完善了路网格局，有效分流快速交通，全面提升核心区道路容量，支撑重点功能区高效进出。其中，"横一通道"可以加密汉口地区顺江快速通道，分流解放大道、发展大道交通压力；"横二通道"将增加武昌地区南北向穿城快速通道，分流中南路、中山路、东湖路交通压力；"纵一通道"将构建贯通机场门户、汉口中心城区、汉阳国博、大光谷板块的城市中轴快线，分流新华路、长江大桥、武珞路交通压力；"纵二通道"将减少水体对城市分割影响，均衡武昌地区路网布局，分流东湖路、长江隧道交通压力。

目前，"纵二通道"穿越长江的公铁隧道段已建成，向西衔接汉口中山大道、一环线解放大道段，向东衔接和平大道、友谊大道，是结合轨道交通 7 号线共同建设的公铁两用隧道，全长 2.6km，车行规模双向 6 车道（图 4-23，图 4-24）。公铁隧道位于上游长江隧道（小汽车专用 4 车道隧道）与下游一环线长江二桥之间，建成后显著增强中心城区过江通道容量。

图 4-22 主城区"两纵两横、衔接成环"的地下道路网络规划（编制时间：2015 年 1 月）

图例　━━ 快速环线　━━ 快速射线　━━ 快速/快捷联络线　━━ 地下骨干通道

━━ 隧道敞口段　━━ 隧道暗埋段

图 4-23 武汉长江公铁隧道平面方案及断面示意图（编制时间：2015 年 12 月）

图 4-24 公铁隧道盾构段施工中

4.6 建设形式与标准

4.6.1 建设形式

快速路为实现路权专用、控制进出，在建设形式上与一般城市道路也存在较大差异，目前城市快速路一般有高架、隧道、地面三种基本形式（图 4-25），在用地影响、工程投资、功能特点等方面拥有不同特征。

1. 快速路

高架快速路：采用高架桥方式建设，高架层为快速路主线、实现出入口全控制快速出行，一般在地面层设置辅路与周边地块和路网连通，上、下层通过匝道连接。高架建设方式能够通过立体空间实现主线快速封闭运行，桥下空间打通，可以保证两侧用地的联系，对横向道路和周边地块的阻隔较小，适用于城市集中建设区。高架快速路的主要问题在于对城市景观、环境具有一定的负面影响，在规划、建设过程中需同步考虑设置绿化保护带、增设隔声屏障等相应配套措施。

地面快速路：采取地面主线 + 辅道的建设方式，主辅之间通过地面进出口实现转换。地面快速路工程造价相对较低，但道路需要的用地规模最大；快速路地面主线不允许横向道路、人行穿越，不利于两侧用地的交通联系，一般适用于用地条件充裕、横向道路间距较大、两侧用地开发强度较低的城市外围区域。

隧道快速路：快速路主线采用地下隧道方式建设，一般在地面层设置辅路。隧道快速路进

(a)高架快速路

(b)地面快速路

(c)隧道快速路

图4-25 快速路常用建设方式航拍图

出全部通过匝道实现，对地面层横向道路的贯通基本没有影响，噪声、尾气和景观干扰也较小，但工程造价最高、建设周期长，建成后长期维护运营的成本也较高，一般只用于交通流量大、环境敏感、用地紧张的城市核心区域。

武汉市快速路根据三种建设方式的适应性及武汉市实际情况，主城区快速路高架段、地面段、隧道段，分别占58%、36%和6%，其中地面段主要位于主城区边缘的三环线和老城区，隧道段主要位于东湖风景区范围内（图4-26）。

2. 快捷路

相比于快速路，快捷路最大的区别在于尽可能做到主线车流连续，但未实现全部控制进出。快速路主线只能通过间隔设置的匝道、地面主辅进出车道等进出方式实现"全部控制出入"的要求，其优点在于有效控制进出车流对主线交通运行的干扰，保障主线交通通行效率，但对横向道路连通、两侧用地联系等均存在一定阻隔，在用地开发成熟区域的道路改造中，受用地、环境、景观等多方面因素制约，往往难以按照全封闭要求建设快速路。作为对路网系统

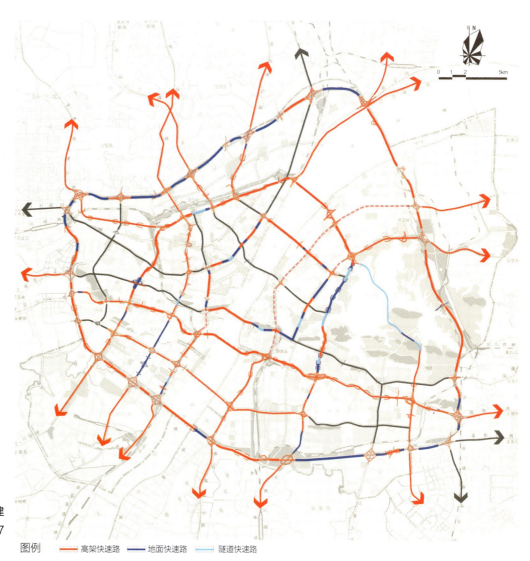

图4-26 主城区快速路系统建设方式示意（编制时间：2017年3月）

容量和快速路服务薄弱区域的补充，武汉市通过对部分主干路提升，打造了一批快捷路，其建设要点在于通过设置连续的中央分隔带、路口简易立交和人车分流等改造，基本实现了主线车流的连续，但道路两侧的横向道路、地块出入口基本维持了原有的开放状态，实质上形成了交通流连续的高标准主干路，在实现交通提效的背景下，最大限度地尊重了用地现状，这也符合快捷路作为快速路系统补充的功能定位。

4.6.2 建设标准

1. 快速路

《城市快速路设计规程》CJJ 129—2009 对快速路建设的技术标准作了详细规定，本书不再赘述，仅从设计车速的系统考量、车道规模的建设经验两个方面阐述武汉经验。

设计车速是快速路设计标准的最基础指标，也是决定进出口间距等其他设计标准的关键因素。武汉市在遵照国家标准的基础上，考虑快速路系统在不同区位的主要功能区别，在快速路设计车速上制定了差异化的标准。其中，二环线以内范围的快速路强调容量优先，设计速度按照不低于 60km/h 进行规划设计；二环线以外的快速路强调效率优先，设计速度不低于 80km/h。

在车道规模方面，武汉市早期建设的高架路段中采取了双向 4 车道规模，如一环线解放大道段上的航空路高架、三阳路高架、二环线水果湖隧道等，但运行效果表明双向 4 车道快速路通行能力明显不足，且车辆进出、交织对主线通行能力影响严重，尤其是在出现事故的状态下，道路通行能力减少至少 50%，极易造成拥堵，无法满足日益增长的机动化出行需求。因此，在近十几年的新建快速路中，均采用主线双向 6 车道以上规模，同时同步建设规模不少于双向 4 车道的辅路。此外，在跨江、跨铁路等关键节点，考虑到通道资源稀缺性和建设难度，近期建设工程一般采用双向不少于 8 车道规模。互通立交的匝道尽可能地设置不少于两匝道结构宽度，为未来交通需求增长预留弹性。

2. 快捷路

道路设计速度 50~60km/h，车道规模不低于双向 6 车道；主要路口采取简易立交方式，次要路口远引掉头，与交通量小的次干路相交且建设条件受限时，可采用信号灯控制和渠化交叉口，但平均灯控道口间距不小于 2km（见表 4-3）。全线设置中央分隔带、机动车道与非机动车道分隔带；人行过街优先采取立体方式，实现人车分离。

参考文献 Reference

[1] 武汉市规划研究院. 武汉市主城区快速（捷）路系统建设规划 [Z]. 2012.

[2] 武汉市规划研究. 武汉市地下交通网络规划 [Z]. 2015.

[3] 武汉市规划研究院. 武汉市地下空间专项规划 [Z]. 2021.

[4] 武汉市规划研究院. 三阳路过江通道选址论证及两岸交通疏解规划研究 [Z]. 2015.

[5] 武汉市规划研究院. 武汉市二环线建设评估及优化完善方案 [Z]. 2017.

[6] 武汉市规划研究院. 武汉市过江通道用地控制规划 [Z]. 2013.

[7] 武汉市规划研究院. 武汉市主城区现状快速路系统节点优化提升研究 [Z]. 2017.

[8] 武汉市规划研究院. 武汉都市发展区"1+6"空间发展战略实施规划 [Z]. 2011.

05 快速路体系用地控制

城市快速路网从规划到建成是一个长期过程，做好用地预留是确保快速路系统按规划落地的重要前提。针对城市用地的多样性，我国在城乡规划管理中一般用红线、绿线、蓝线、紫线、黑线、橙线和黄线 7 类控制线以指代不同用地类型，其中红线一般指道路用地控制线。一般道路的用地控制相对简单，主要根据道路等级，考虑路面宽度和平面线形指标因素。快速路系统的用地控制则相对复杂，除了相对更宽的道路尺度和更高的平面线形标准，还需要适应快速路系统封闭运行特征，控制匝道、互通立交等交通转换节点用地，而这也是快速路系统建设过程中存在较大变数和协调难度的环节。除了交通功能因素，快速路体系用地控制还需考虑环境影响，快速路与开发地块要设置合理的绿化等隔离用地；考虑快速路兼作市政管线布置走廊、生态防护走廊等问题，需要控制额外的市政或绿化走廊用地等，其复杂性远大于普通道路用地控制，需要慎重研究处理。

5.1　一般城市道路用地控制因素

《城市道路工程设计规范》CJJ 37—2012、《城市综合交通体系规划标准》GB/T 51328—2018 等相关规范中，将城市道路划分为快速路、主干路、次干路和支路 4 个等级。各等级道路建设标准不同，车道规模与设计车速差别较大，用地控制主要考虑足够的宽度以满足人行、车行、绿化、街道家具等断面空间布置要求，并按照相应的设计标准保证道路线形顺畅。除了基本的交通功能，作为城市中最重要的、最普遍的公共空间，道路用地控制还需要考虑一些共线设施的布置要求，如考虑市政管线埋设空间需求，与轨道共线的道路还需要考虑预留必要的地铁出入口、风井用地等复合功能要求。

5.1.1　道路红线宽度

道路宽度一般参照相关规范及其等级确定，在《城市综合交通体系规划标准》《武汉市建设工程规划管理技术规定》中对道路宽度有比较详细的规定，景观道路、门户道路、历史街道等特殊要求道路结合各自特点控制。一般而言，武汉市主干路道路宽度不小于40m，次干路宽度一般不小于30m，支路宽度一般不小于15m，而快速路宽度一般在50m以上。

5.1.2 平面线形

平面线形是满足道路设计和运行速度最重要的指标。为保障城市道路运行的舒适性和安全性，需要考虑直线段最小长度、曲线段最小半径、过渡段指标等相关要求，合理布置道路平面，相关线形的控制指标在《城市道路工程设计规范》CJJ 37—2012、《城市道路路线设计规范》CJJ 193—2012等标准中提出了详细的控制要求。

5.1.3 相交道口

道路交叉口分为平面交叉和立体交叉两种形式，除快速路相交节点均采用立交方式，其他等级道路之间相交以平面交叉方式为主，用地控制上主要结合道路等级、车道规模、流量流向等综合确定（表5-1、表5-2）。

《城市道路工程设计规范》CJJ 37—2012 提出的平面交叉口选型标准　　表5-1

平面交叉口类型	选型	
	推荐形式	可选形式
主干路—主干路	平A_1类	—
主干路—次干路	平A_1类	—
主干路—支路	平B_1类	平A_1类
次干路—次干路	平A_1类	—
次干路—支路	平B_1类	平A_1类、平B_1类
支路—支路	平B_2类或平B_3类	平C类、平A_2类

注：1. 平A类：信号控制交叉口
  平A_1类：交通信号控制，进出口道展宽交叉口；平A_2类：交通信号控制，进出口道不展宽交叉口。
2. 平B类：无信号控制交叉口
  平B_1类：支路只准右转通行的交叉口；平B_2类：减速让行或停车让行标志管制交叉口；平B_3类：全无管制交叉口。
3. 平C类：环形交叉口。

《城市道路工程设计规范》CJJ 37—2012 提出的立体交叉口选型　　表5-2

立体交叉口类型	选型	
	推荐形式	可选形式
快速路—快速路	立A_1类	—
快速路—主干路	立B类	立A_2类、立C类
快速路—次干路	立C类	立B类

续表

立体交叉口类型	选型	
	推荐形式	可选形式
快速路—支路	—	立C类
主干路—主干路	—	立B类

注：1. 立A类：枢纽立交
   　立A_1类：主要形式为全定向、喇叭形、组合式全互通立交；
   　立A_2类：主要形式为喇叭形、苜蓿叶形、半定向、定向或半定向组合的全互通立交。
   2. 立B类：一般立交，主要形式为喇叭形、苜蓿叶形、环形、菱形、迂回式、组合式全互通或半互通立交。
   3. 立C类：分离式立交。

5.1.4 其他要求

为了减小城市道路交通对沿线用地的环境影响，一般通过控制建筑退让距离或者设置临街防护绿化带等方式控制道路与建筑距离。建筑物退让道路红线的距离主要结合道路宽度及建筑高度确定（表5-3），道路两侧防护绿带主要结合道路等级及用地条件确定，一般在交通量大、车速较高的骨干道路，或进出城道路、沿湖滨江道路等景观要求较高的道路两侧控制适当宽度的防护绿带，进一步降低城市道路对居民工作生活的干扰，凸显城市整体景观风貌。

不同道路宽度两侧的建筑物退让距离（单位：m）　　表5-3

建筑高度＼道路宽度	$L \geq 40$	$40 > L \geq 25$	$25 > L \geq 15$	$L < 15$
$H \leq 19$	15	10	8	5
$19 < H \leq 60$	20	15	12	8
$60 < H \leq 100$	25	20	15	10

资料来源：《武汉市建设工程规划管理技术规定》（武汉市人民政府令第248号）

5.2　快速路体系用地控制的关键因素

快速路建设形式对快速路用地控制有着最直接的影响。在相同的车道规模下，高架、隧道快速路等立体建设形式，相比于地面平铺形式的快速路空间利用效率更高，所需要的断面宽度更小。除了一般路段基本的宽度与线形标准要求，为实现快速路系统封闭运行，还需要控制匝道、互通立交用地，以实现快速路主线与辅路、快速路与低等级城市路网的交通转换。由于匝道设置往往涉及沿线用地交通进出，极易受用地发展的制约，而立交占地规模一般较大，就武汉市快速路系统建设的经验来看，匝道和立交往往是后期建设过程中最易引起争议、最易产生变化的环节。此外，由于快速路系统性与贯通性较好，往往还兼作城市交通、市政廊道，需要额外用地控制以满足综合管廊、市政管线、轨道交通等共线设施的布置要求。最后，考虑快速路噪声、环境影响较大，在居住区、学校等环境敏感地段，还需要预留一定的环境保护距离。

5.2.1 道路红线宽度

依据国家相关部委《关于清理和控制城市建设中脱离实际的宽马路、大广场建设的通知》（建规〔2004〕29号）要求，2019年开始实施的《城市综合交通体系规划标准》中明确提出，规划人口规模50万及以上的大城市，城市道路红线宽度（快速路包括辅路）不应超过70m。为了在有限的道路红线宽度内，兼顾快速过境与沿线用地的到发交通功能，城市快速路常需采用主辅分离的建设方式，其中主线侧重实现快速通行，辅路负责衔接相交道路和周边地块。依据建设形式的不同，快速路可分为地面快速路、高架快速路、隧道快速路。武汉市快速路主线车行道一般设置为双向6~8车道，辅路车行道设置为双向4~6车道。以最为常见的"主线6车道+辅路6车道"为例，不同建设形式对道路红线宽度的要求有着明显差异。

1. 高架快速路

高架快速路一般包括主线高架和地面辅路。高架桥下空间除必要的绿化带（桥墩）空间外，大部分空间可布置地面车道，实现空间的立体化利用和道路空间集约化利用。"主线6车道+辅路6车道"高架快速路标准段道路红线宽度可控制在50m以内，仅匝道段、桥台段等需拓宽至60~65m；高架快速路地下空间也适宜布置市政管线、轨道交通、综合管廊等。高架桥下地面辅路开放式设置不会对道路两侧用地形成交通阻隔，是城市中穿越建设用地地段最常用的快速路建设形式。高架快速路标准段、桥台段、匝道段的一般横断面布局如图5-1所示。

2. 地面快速路

地面快速路，即主线、辅路均采用地面建设形式，主辅车道之间通过绿化带进行隔离，通过一定间隔的主辅交换车道实现对主线的进出控制（图5-2）。地面快速路未能实现空间立体使用，用地集约程度较低，道路红线宽度比相同车道规模的高架道路要宽。以"主线6车道+辅路6车道"地面快速路为例，标准段道路红线宽度至少需要控制在70m以上，较高架快速路增加30%。受地面主线封闭运行的制约，地面快速路无法在主线路段设置信号灯，相交道路无法从地面层直接穿越，为保障两侧用地联系与相交道路衔接，地面快速路还需要额外控制相交道路上人行、车行跨越快速路的通道用地。

3. 隧道快速路

隧道快速路即主线采用隧道建设形式，隧道上方地面空间一般作为辅路车行、慢行、绿化等功能使用。目前隧道快速路常见的施工形式主要分为明挖隧道和盾构隧道两种，明挖隧道施工期间影响较大，但匝道出入口设置较为便捷，一般用于短距离隧道建设；盾构隧道施工期间影响小，但一般只能在工作井处设置匝道进出口，一般用于长距离或过江等特殊地理条件的隧道建设。武汉快速路系统建设涉及的隧道主要为明挖方式建设，本节主要论述这种形式。

隧道快速路对道路空间利用的集约程度较高，以全线6车道+辅路6车道隧道为例，标准段主要占用约30m宽地下空间，仅隧道匝道段、敞口段等节点需局部拓宽至60~65m。隧道形式对地面用地影响最小，但造价较高，且需谨慎处理好与地下管线、轨道交通、综合管

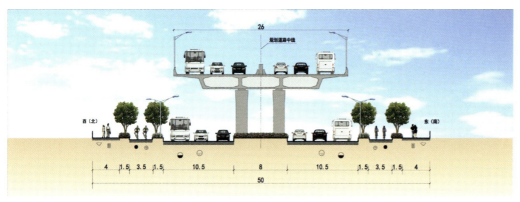

（a）高架快速路标准段断面示意图

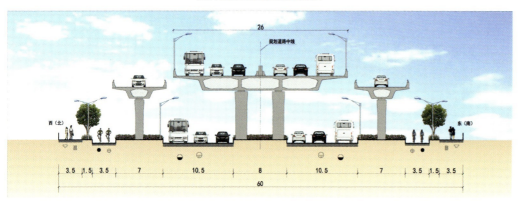

（b）高架快速路匝道段断面示意图

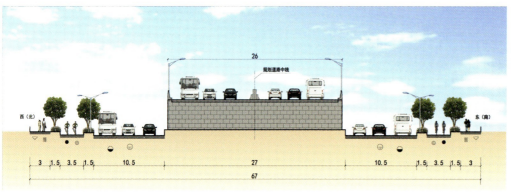

（c）高架快速路桥台段断面示意图

图 5-1 高架快速路各典型断面示意图（单位：m）

图 5-2 地面快速路典型断面示意（单位：m）

廊等地下设施的关系。此外，由于隧道长度超过3km后会涉及复杂的消防、安全、通风等问题，隧道规模宜适当控制，一般适用于城市中环境较为敏感、景观要求较高的核心区段。隧道快速路横断面布局如图5-3所示。

为避免快速路对用地的切割、分离影响，武汉市快速路原则上采取立体建设方式，大部分快速路按照高架形式进行用地控制以降低建设成本，顺畅路网衔接（表5-4），标准段红线宽度一般控制在50~60m。

（a）隧道快速路暗埋段断面示意

（b）隧道快速路匝道段断面示意

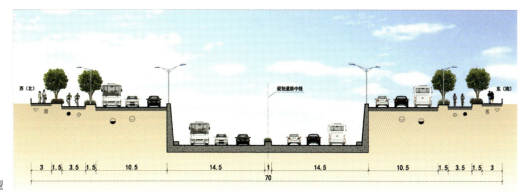

（c）隧道快速路敞口段断面示意

图5-3 隧道形式快速路典型断面示意图（单位：m）

快速路建设形式优缺点比较分析　　　　表 5-4

比较因素	高架形式	地面形式	隧道形式
道路集约性	★★★	★	★★★
用地分隔性	★★★	★	★★★
路网衔接性	★★★	★★	★
道路景观	★	★★	★★★
建设成本	★★	★★★	★
远期扩展性	★★	★★★	★

注：表中"★"越多表示在这一项越有优势。

5.2.2 平面线形

除了满足单条线路的用地要求，快速路体系用地控制更重要的是保持合理的通道间距，兼顾交通服务范围、支撑城市空间结构、划分城市组团等功能。武汉市的快速路分布受山水地理影响，间距并不均衡，环线间距大部分在 3～5km，但也存在局部 8km 等较大间隔，系统用地控制主要考虑了以下城市特色。

1. 顺接城市过江通道布局

在两江交汇、三镇鼎立的武汉，过江通道的区位对城市结构有着重大影响，也是快速路系统布局的核心控制路段。过江通道的选址和布局需要首先满足河道水文地质条件与通航要求，在此基础上高标准控制两岸接线道路用地条件，尽可能选择系统辐射范围广的道路走向。

2. 适应多山多水的地理特色

武汉市水域面积多达 2210km^2，约占全市总面积的 1/4，有大小湖泊 160 余个，给城市道路建设带来巨大挑战。为了保护武汉市自然景观和独特的地理风貌，快速路选线在尽可能贴近建设用地的同时需考虑避开生态核心区域，兼顾交通服务与生态保护功能。例如，武昌地区城市空间被东湖、沙湖、南湖、野芷湖分隔严重，武昌北部建设用地集中在滨江 5km 的带状空间，快速路选线条件苛刻，这也导致武昌地区一环线与二环线较为贴近，而二环线与三环线间距偏大的情形。

3. 避让城市历史文化遗产

武汉市作为 1986 年国务院公布的第二批国家历史文化名城之一，城市历史可以追溯到 3500 年前的商代盘龙城，丰富的历史遗存和深厚的文化底蕴是武汉的财富，而快速路系统布局也重点考虑了与历史文化资源的关系，对历史街区贯彻保护为主的原则，尽量避免穿越；对于铁路、堤防等既有一定历史文物属性，本身对用地又有一定阻隔的设施，快速路选线优先采取与其共走廊布置的方式，弱化用地隔离影响，同时以快速路建设为契机，改善跨铁路、堤防等的连通。

4. 衔接城市重点功能区

重点功能区是城市发展的核心区和公共职能的聚集区，是快速路系统的主要服务片区。快速路在线形选择上，要贴近重点功能区，又要避免穿越核心地块，做到重点功能区"近而不进"，兼顾交通服务功能与城市环境品质要求。

5.2.3 节点控制

互通立交和匝道既是通过空间换时间、实现快速路连续通行的重要节点设施，也是实现快速路与低等级城市路网交通转换的关键节点。互通立交一般为快速路与高等级道路相交的节点，需要依据立交形式控制相应规模和形状的用地，用地面积较大；匝道主要服务于快速路主线与辅路或相交道路的交通衔接，一般需通过道路局部拓宽方式保障用地。

1. 立交节点

武汉市快速路系统中对于立交节点采用分级控制的形式。快速路与快速路交通转换节点原则上设置全互通立交，与主干路交通转换可根据交通需求和建设条件设置半互通立交或分离式立交，一般不与次干路、支路直接衔接（图5-4）。立交节点用地需要在城市总体规划阶段进行预控，为后续立交建设提供良好的基础条件。

全互通立交的形式较多。苜蓿叶式互通立交竖向高差较小，形式简洁，但占地面积大，左转匝道标准较低，一般适用于城市外围用地充裕、交通量相对较低的区域，在快速路系统规划阶段也可以作为标准立交形式来指导初步用地控制。而在城市建成区，一般采取定向匝道形式的立交，以减少立交占地、提高转向功能，同时也能适应城市异形用地的限制。武汉市早期建设的快速路互通立交部分采用了苜蓿叶式，随着城市扩张、外围用地开发成熟，交通需求逐渐增大，苜蓿叶式立交占地面积大、通行效率低、立交区内车辆交织明显等缺点逐渐显现，逐渐被更集约、更高效的定向全互通立交替代。以武汉市三环线汪家嘴立交为例，该立交建于2001年，随着交通流量持续增长，原有苜蓿叶式立交交织距离短、转向标准低的问题凸显，立交范围内车辆频繁交织，拥堵严重。2013年，结合东风大道快速路的建设，该立交改造为定向匝道立交，有效提升了节点通行效率（图5-5），而正是前期立交用地控制充足，为后期立交改造提供了可实施条件。

2. 匝道节点

快速路匝道段用地较标准段更宽。在匝道需求较为明确的位置，应尽可能在城市总体规划等前期规划阶段落实匝道用地控制。但由于城市用地发展变化，快速路系统的匝道很难在系统规划阶段精确定位，往往需要在后期具体方案研究阶段根据用地建设情况细化匝道设置方案并相应调整道路用地。

在武汉市快速路建设实践中，为保障匝道等节点设置，往往在系统规划明确后提前开展总体方案的细化研究，尽可能标定立交形式与匝道位置，提前预控匝道建设用地，如图5-6所示，长丰大道快速路沿线结合用地改造拓宽红线，提前预留了匝道建设用地。

（a）全互通立交——三环线江城大道立交

（b）半互通立交——二环线和平立交

（c）分离式立交——汉江大道（淮海路路口）

图 5-4　快速路立交节点形式航拍图

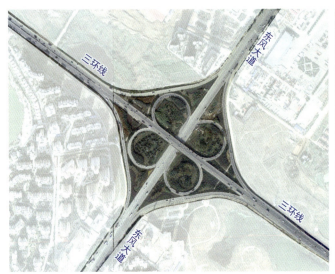 

（a）改造前　　　　　　　　　　　　　　　　　　　（b）改造后

图 5-5　汪家嘴立交改造前后对比示意

5.2.4　用地关系协调

快速路通行量大、车速快，其带来的噪声、振动、粉尘等影响远高于低等级道路，特别是采用高架快速路的噪声、振动影响更加明显。随着居民生活品质的提升，公众的环保意识逐步增强，高架快速路建设极易成为城市建设的矛盾点。

武汉市快速路系统规划采取了一系列措施来降低快速路对用地的影响。在系统层面，二环线以内新增的快捷联络线适当降低标准为快捷路，避免大规模新建高架、隧道，降低环境影响。在用地紧张地区，适当减少匝道的设置，突出快速路过境交通功能，并通过完善配套区域路网实现疏解功能；在用地充裕地区，适当增大匝道落地点与交叉口的间距、匝道与建筑间距（图 5-6），减少地面交通拥堵和环境影响。

在用地协调方面，适当增加快速路沿线用地后退标准。控制建筑退让道路红线距离最早的初衷是为了保证街道采光、通风，避免建筑对街道景观带来压迫感，但是随着城镇化进程的加快，建筑退让在控制道路噪声影响方面也发挥了重要作用。为了规范化处理协调城市建设与居住环境的关系，为城市快速路建设提供标准支撑，武汉市政府于 2014 年 4 月起施行第 248 号令《武汉市建设工程规划管理技术规定》（简称"第 248 号令"），其中第五十四条明确了新建高架与沿线建筑的间距要求："高架快速路主线结构外边缘与沿线既有建筑物最小净距不小于 12m（图 5-7），当最小净距不足 12m 或者设有匝道、沿线既有建筑物为环境敏感建筑时，其净距应当符合项目环境影响评价文件批复相关要求"，并应提出建设工程的相关规划，建设审查过程中也应严格落实。

为贯彻落实武汉市政府"第 248 号令"相关技术要求，协调处理好高架建设与周边敏感建筑的关系，结合武汉市的工程建设实际情况，2014 年武汉市城建、规划等部门联合发布

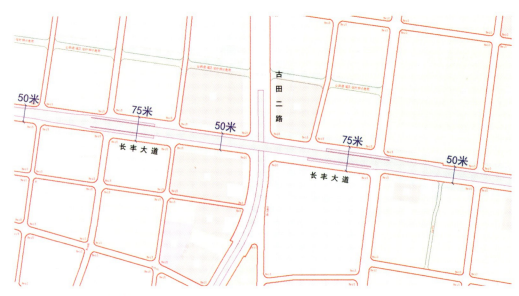

图5-6 快速路匝道段道路红线拓宽示意

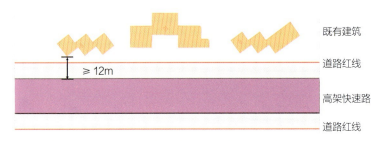

图5-7 "第248号令"高架主线与周边建筑物净距要求示意图

了关于贯彻落实《武汉市建筑工程规划管理技术规定》的通知,就城市高架桥与周边建筑的规划、设计间距要求作了新的细化解释:"新建高架主线外边缘与沿线既有环境敏感建筑物最小净距应尽可能控制在12m以上;新建高架主线距离既有环境敏感建筑不足12m,应采取相应的减噪措施,并符合项目环境影响评价文件批复相关要求,同时,二者间距应不低于7.0m;高架匝道距离既有环境敏感建筑的间距应控制不低于7.0m,并应符合项目环境影响评价文件批复相关要求;受条件限制,新建高架主线、匝道距离周边既有敏感建筑、高层建筑确实不足7.0m的,需征得沿线单位、社区居民同意方可组织实施,同时需进一步强化环保措施。"

上述规定虽然没有完全消除快速路建设阶段的用地矛盾和争议,但明确了快速路与建筑间距控制的底线要求,为快速路的规划与建设提供了参考的标准,对快速路系统建设实施起到了积极的促进作用。

参考文献 Reference

[1]　武汉市规划研究院. 三环线交通改造规划方案 [Z]. 2013.

[2]　武汉市规划研究院. 长丰大道（二环线~三环线）道路排水修建规划 [Z]. 2013.

第三篇
保障与实施

06 快速路系统的实施策略

07 实施性规划的编制

06

快速路系统的实施策略

快速路系统从规划成形到建设完成往往跨越数十年的建设周期，期间城市建设发展不确定性较大，往往会对系统规划进行一定的优化调整。大城市在快速路网必然采取分期建设的背景下，需要综合城市社会经济发展需要、机动化发展速度、城市投资能力等多种因素，科学合理地确定建设时序，实现快速路建设与城市用地发展的匹配；同时，需要建立实施推进机制，以保障快速路系统规划蓝图落地。回顾武汉市快速路系统建设的历程，本章从城市发展角度出发，讨论快速路系统建设时序应考虑的主要因素，并介绍武汉市快速路在实施阶段的规划编制和传导机制。

6.1 武汉市快速路总体建设时序

1998年，在武汉市GDP迈入千亿的时代背景下，为解决国道货运交通穿城问题，支撑城市用地扩张和沌口新区发展，优先启动了三环线（当时仍被称为"中环线"，按照公路模式进行建设）南段的建设工程，标志着武汉市快速路网系统建设的开启。至"十一五"（2006~2010年）初期，全市人均生产总值从2005年的3245美元提高到5000美元以上，城市经济社会进入了新一轮持续快速发展期，全市小汽车拥有量从2005年开始迅速增长，交通机动化发展对高等级道路的需求越发强烈（图6-1）。

为提升交通疏解能力，增强中心城市功能，实现在中部地区的率先崛起，"十一五"期间武汉市加大了交通建设的投资力度，2006年交通基础设施投资156亿元，占全市GDP总量的比重达到6.0%，相比于2000年的3.3%几乎增长一倍（图6-2），有力地支撑了一批以高快速路为主的重大交通项目的建设，其中包括二环线武昌段、汉口段、珞狮南路、武英高速公路等快速通道，同时期轨道建设则相对滞后。

"十二五"（2010~2015年）开始，按照武汉市经济社会发展规划提出的"基本建成全国性综合交通枢纽"以及"基本建成中心城区快速交通体系"的要求，武汉市轨道交通投资占比逐年增加（图6-3），城市快速交通发展转向高快速路与轨道并重，连续4年均有轨道线路开通运营。至2015年底，武汉

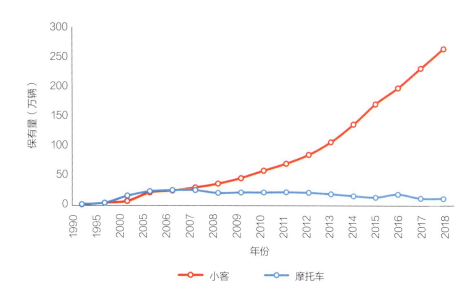

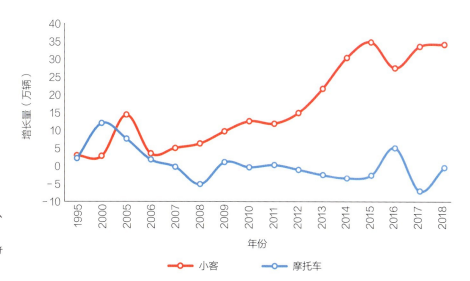

图6-1 武汉市历年小客车、摩托车拥有量及增长量

数据来源：武汉市交通发展战略研究院《武汉市交通发展年度报告》

图6-2 1990~2010年武汉市交通建设投资变化图

图片来源：武汉市交通发展战略研究院《2011年度武汉市交通发展年度报告》

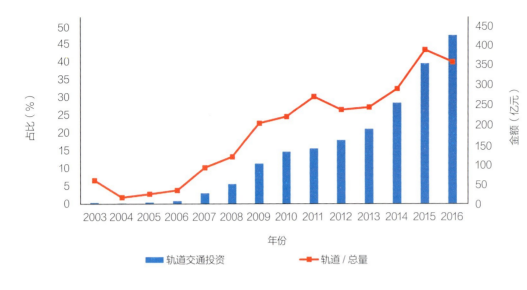

图6-3 2003~2016年武汉市轨道交通建设投资变化图

数据来源：武汉市交通发展战略研究院《武汉市交通发展年度报告》

市3条环线全部贯通，并建成金桥大道—岱黄高速公路、欢乐大道—武鄂高速公路、白沙洲大道—武咸公路、姑嫂树路—机场二通道4条放射线，打通了汉蔡高速、汉洪高速、武英高速、武黄高速4条对外联系通道，中心城区快速路网实施率达到78%。同时期轨道交通虽然只建成4条线路，但标志着武汉市轨道交通进入网络化时代，1号线、2号线、3号线、4号线共126km的轨道线路形成了主城区轨道网络骨架，而这一时期同时在建轨道线路最高达到14条（段）。

6.2 快速路建设时序选择的关键因素

武汉市快速路建设历程，总体上呈现环线先于射线、中心先于外围的特征，这与武汉的城市格局、用地发展、交通特征紧密相关。具体来说，考虑快速路交通功能强、建设成本高的特征，为充分发挥快速路网建设对城市发展的支撑和引领作用，重点从与城市用地发展、对外快速通道、综合交通枢纽以及其他重大基础设施衔接4个方面考虑了快速路系统的建设时序。

6.2.1 优先考虑支撑城市用地发展

武汉市被长江、汉江分隔，加强汉口、汉阳、武昌三镇联系，实现三镇一体化发展，历来是武汉市交通系统构建的重点，直接服务三镇跨江联系的快速环线建设也自然成为武汉市快速路系统建设的优先策略，而环线建设的难点又在于过江通道的建设。武汉市早在1956年、1957年就分别建成了跨越汉江的江汉一桥、跨越长江的长江大桥，实现了汉口与汉阳、汉阳与武昌的半环形道路衔接；但直到1995年，长江二桥才建成通车，由这3座桥梁及徐东大街、中南中北路、武珞路、解放大道等接线自然衔接，一环线呼之欲出。由于当时快速路概念尚未提出，一环线各组成路段原为三镇建成中心区的骨架道路，从等级上看均为主干路标准，但已经具备了快捷串联三镇交通、支撑用地发展的重要意义。随后，经过20世纪90年代及21世纪初期的多次改造，一环线上增设了循礼门隧道、三阳路高架、香港路立交、中北路高架等一系列节点立交，汉口段、汉阳段实现了主线交通连续（图6-4）。由于一环线为分段自然形成，各路段均为原城市建设区的主要轴线，自成环以来道路交通量中心城区道路前列。随着机动车需求的爆发式增长，一环线的服务功能不断加强，交通效率呈下降趋势；但由于一环线贯穿核心区的区位特征，沿线用地开发成熟，其快速化改造面临的交通影响、用地影响、环境影响巨大，虽历经多轮方案的编制和论证，但一直未能改造为标准快速路。一环线的建设历史也反映出快速路建设时序把控的重要性，快速路的建设出发点在于交通需求，但很大程度上也受制于

（a）长江二桥（1995年6月通车）

图6-4　一环线部分路段航拍图

（b）循礼门隧道（2004年8月通车）　　　（c）中北路高架（2011年9月通车）

图 6-5 一环线、三环线的建设时序以及对应城市建设用地关系

用地发展、社会影响等外部环境，建设实施实际上面临着较强的机遇性，建设机遇的错失可能会导致系统性建设缺陷，这也给武汉市后期快速路高标准、一次性、适度超前的建设思想提供了借鉴。

相比于一环线，三环线的建设更具整体性，建设时机选取具有一定的前瞻性，对主城区用地发展也起到了一定引导和促进作用（图6-5）。20世纪90年代，城镇化发展开始加速，城市建设区迅速扩展，特别是汉口地区垂江延展的趋势明显。为了避免无限制快速扩张带来的交通拥堵和污染问题，落实规划控制的主城区范围，1996年版的武汉市城市总体规划中对上一轮三环线的线形走向进行了优化，沿三环线按照"内侧50m、外侧200m"的基准控制生态绿化隔离带，框定了主城区的边界。1997年，武汉市启动了三环线及环城绿带的建设，其中首先建设的是南侧白沙洲长江大桥及两端接线段，将107国道走向从途经长江大桥、穿越中心区，外迁至主城区边缘的白沙洲地区，有效改善了建成区交通环境。经过分段建设，三环线全线最终于2010年按照高标准城市快速路贯通，为后期武汉市主城区二环内中央活动区、二环外六环城市副中心空间格局的形成夯实了基础。

6.2.2 优先考虑对外通道衔接

武汉市是国家中部地区的中心城市，也是打造武汉都市圈的核心城市，实现快速路与高速公路系统顺接，增强武汉对周边城市的辐射功能，一直是快速路系统构建的重要目标。从建设时序看，中心城区快速路的建设，尤其是射线快速路的规划、建设必须与外围高速公路做好对接。在国家层面，应优先对接国家高速公路网络；在省域层面，应兼顾全省发展战略的实现；在市域层面，应优先服务外围重点组团。

例如，国务院批复的《湖北省城镇体系规划（2003—2020年）》中明确提出"全省城镇发展要以武汉、襄樊和宜昌三个城市区域为重点，完善城市功能，增强城市整体实力，提高城镇化质量"，其主要交通依托为沪渝高速与汉十高速。武汉市快速路在建设上也相应优先与襄樊（今襄阳）和宜昌所在的西、西北方向衔接，根据武汉市快速路系统规划，武汉大道、东风大道高架分别是衔接汉十高速与沪渝高速的快速射线，而上述道路也是全市建设时序较早的快速射线。

图 6-6 白沙洲大道高架
（2011 年 8 月通车）

2002 年 6 月，中共湖北省第八次党代会提出"形成武汉经济圈，更好地发挥对全省的辐射带动作用"的要求，武汉紧抓中部崛起的机遇，大力推进"1+8 城市圈"的建设。当时武汉城市圈城镇人口密集区域主要分布在武汉市、黄冈市区—鄂州市区—黄石全境、咸宁市区—赤壁市等地域范围，形成了以武汉市市区为核心，向东、向南的 3 个城镇人口密集带，也是武汉市城市总体规划明确的城镇发展轴带。从快速路网建设优先联系人口密集、城镇化率高的城市出发，武汉市随即将欢乐大道—武鄂高速公路、白沙洲大道—武咸公路等支撑性射线的建设提上日程，经过方案深化研究和加快建设，分别于 2011 年、2012 年建成通车（图 6-6、图 6-7）。

6.2.3　优先服务综合交通枢纽集散

综合交通枢纽是一个城市对外衔接的关键门户，枢纽集散效率直接影响着城市与外部世界衔接的便利程度。大城市的综合交通枢纽集中有多种交通方式，具有旅客流量大、疏解效率要求高等特点，疏解设施建设不到位往往会造成区域性的严重拥堵。一般而言，城市综合交通枢纽周边需构建包括快速路、轨道交通、常规公交等多种方式在内的疏解体系，快速路是其中重要的组成部分，对机场、高铁站等承担长距离对外出行枢纽的运行效率具有重要影响。在城市快速路网建设时序的安排上，应密切配合城市综合交通枢纽建设计划，确保枢纽周边的快速路网先于或者同步于枢纽建成，才能充分发挥综合交通枢纽的作用。

图 6-7 欢乐大道高架
（2012 年 4 月通车）

武汉市快速路网的建设安排将综合交通枢纽疏解作为重点服务对象，按照快速路建设先于或同步于枢纽进行规划安排（表6-1）。例如，1995年机场高速与天河机场同年建成运行；2014年机场二通道建成通车，支撑天河机场三期扩建工程于2017年投入使用。2006~2008年武昌站进行站房改造扩建期间，同步开展了区域路网优化提升，迅速推进完成了中山路段快速化改造，彻底解决了武昌站门口路段过境交通与进出站交通混杂的问题。2007年汉口火车站站房改造启动，二环线汉口段工程也同步开展前期工作并迅速开工，两项工程均于2011年完工，基本实现了工程同步（图6-8）。武汉火车站于2009年部分启用时，对接武汉站东广场的三环线东段也基本同步建成，至2012年时欢乐大道高架快速路也建成通车，并与武汉站西广场直接连通，形成武汉站双快速路疏解支撑（图6-9）。

武汉市综合交通枢纽及疏解快速路的建设时序关系　　　　表6-1

综合交通枢纽		启用时间	配套疏解快速路	通车时间
天河机场		1995年	机场高速公路	1995年
天河机场三期		2017年	机场二通道	2014年
武昌火车站（改造后）		2008年	中山路隧道	2008年
汉口火车站（改造后）		2010年	二环线汉口段	2011年
武汉火车站	东广场	2009年	三环线东段	2010年
	西广场	2012年	欢乐大道	2012年

图6-8　汉口火车站毗邻的二环线路段主线（2011年9月通车）

图6-9 服务武汉火车站的三环线（2010年12月通车）

　　临近综合交通枢纽的快速路是支撑枢纽功能的重要配套工程。由于主管部门不同，机场、高铁等综合交通枢纽与其配套的快速路、轨道交通等疏解设施往往由不同业主单位组织实施，极易产生方案对接、建设时序上的脱节。在这个问题上，应该充分发挥规划的统筹引领职能，做好枢纽与相邻快速路全方位对接，如2008年初全面开展的二环线汉口段建设方案研究工作时，就重点考虑了汉口火车站节点的交通特征和城市景观要求，结合各出行方式的接驳、疏散等要求，提出该节点以长隧下穿方案布局（图6-10、图6-11），总体方案经市委、市政府审定后形成统一决策，顺利转入实施阶段。

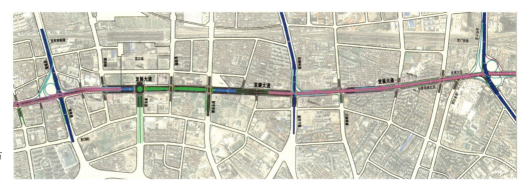

图6-10 二环线汉口段中段方案（编制时间：2008年9月）

图 6-11 二环线汉口火车站节点效果图（编制时间：2008 年 9 月）

6.2.4 同步考虑其他重大基础设施建设对接

城市道路不仅是车行交通的载体，也是轨道交通、市政管线等地下基础设施的敷设空间，其中快速路由于道路宽度充裕、线形标准高、通道连续性强，往往也是城市轨道交通、综合管廊、市政干管等重大基础设施的布置空间，上述工程在建设时序上的衔接可以避免城市道路反复开挖。除此之外，由于大城市中快速路网不可避免地与轨道交通线网交叉，提前建设的快速路的隧道段或者高架桩基础等地下结构往往会对后期轨道交通建设形成限制，反之亦然。由于投资主体、审批程序等诸多方面的差异，共线的轨道与快速路经常无法实现建设时序同步，在此条件下发挥规划的统筹引领功能，做好方案对接以预留建设条件便尤为重要。

在武汉市新一轮的国土空间总体规划中，规划 2035 年全市高快速路网、轨道交通线网规模分别达到 2135km、1200km，主城区范围内，轨道交通线网与快速路通道在中南中北路、龙阳大道、友谊大道、解放大道等多条快速路段重叠（图 6-12）。武汉市在快速路与轨道交通线网的建设统筹上采取了两种方式进行协调。一种是建设时序同步，在快速路实施时，同步建设相交轨道交通工程，或者提前预埋部分地下结构，如龙阳大道高架与轨道交通 3、4 号线王家湾站点同步建设（图 6-13、图 6-14），由于轨道交通工程的审批程序相对复杂，从建设时序协调来看，这种办法适用于轨道交通线路已有建设计划的情况，主要是根据轨道交通建设时间节点来安排快速路的建设时序。另一种方法是在提前建设快速路时，通过建设方案优化预留轨道交通的建设条件，如武汉市 2011 年珞狮南路建设过程中，在规划轨道交通 8 号线文治街站点处采取了地面建设方式，预留了轨道交通建设条件，后来实际上因为轨道交通审批程序等问题，8 号线（二期）直至 2017 年才建成，前期快速路建设过程中预留的用地条件对轨道交通顺利建设起到了关键的支撑作用。

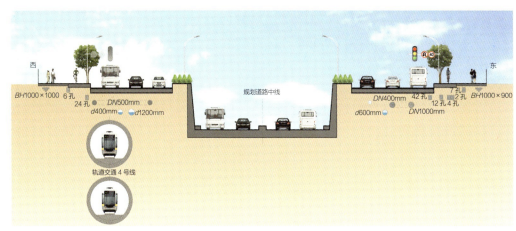

（a）一环线中北路段道路与轨道交通共线布置

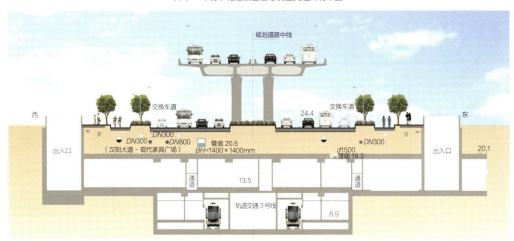

（b）龙阳大道快速射线高架与轨道交通共线布置

图 6-12　快速路通道与其他设施复合利用示例

图 6-13　武汉市二环线高架与轨道交通站点一体化设计

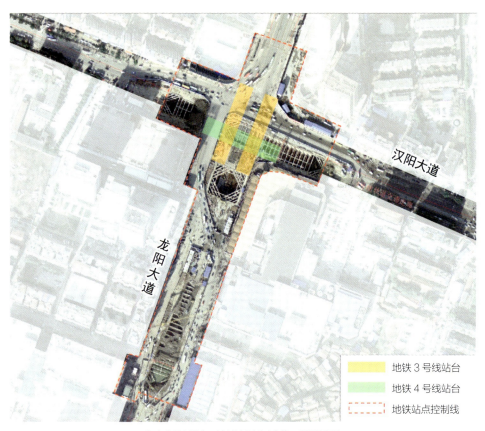

(a) 龙阳大道(王家湾地铁站节点)施工期间影像图

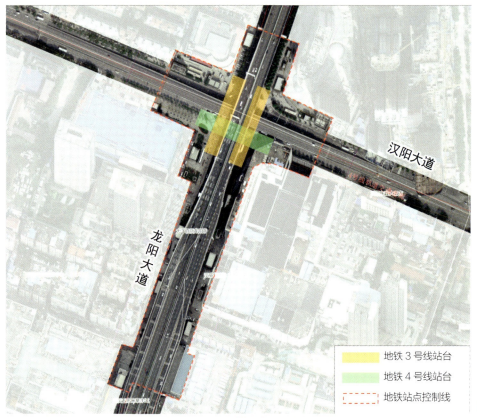

(b) 龙阳大道(王家湾地铁站节点)通车后影像图

图 6-14　龙阳大道快速化改造与轨道交通 3 号线工程同步建设

6.3 快速路建设推进机制

为提高快速路体系建设时序安排的科学性、合理性，确保快速路实施分阶段有效推进，武汉市主要从建设计划安排、实施性规划编制、工程实施机制3个层面建立了行之有效的操作框架。

城市基础设施的建设计划安排实际上是一个多目标决策问题，需要综合考虑项目的经济效益、社会效益、交通效益、环境效益等问题，其决策过程是多部门、多主体共同参与的结果。快速路的建设历来属于城市的重大工程，其计划安排与社会经济发展紧密相关，主要包括发展规划和建设计划两个层级。其中，发展规划编制年限一般在3~5年，与城市国民经济和社会发展规划（简称为"五年规划"）相对应，依托"五年规划"提出的全市经济社会发展的宏伟蓝图和行动纲领，明确三五年内快速路建设的总体目标要求，一般由规划部门联合发改、城建、交通、交管等部门共同研究制定，科学做好城建项目储备工作，并通过近期建设规划、行动计划等予以落实。建设计划一般逐年编制，其中的必要内容包括基于上一年度快速路建设评估，提出下一年度的建设项目具体安排，明确快速路项目的投资规模、建设范围、建设主体、进度要求等，一般结合城建资金能力、道路实施条件、工程建设难度等因素统筹制定。

年度城建计划明确后，一般由规划部门联合项目业主单位组织编制快速路的总体规划方案研究及修建规划等实施性规划，旨在提前发现、解决工程建设中可能遇到的用地矛盾、工程矛盾、环境影响等问题，提前对各类交通方式的空间布局进行统筹，协调处理好道路红线内外空间、地上与地下空间、近期与远期建设空间的关系。其中，总体规划方案在前，一般由规划或建设主管部门组织编制完成后报市人民政府审批；修建性详细规划在后，由项目业主单位组织编制完成后报规划主管部门审批。

工程实施机制重在确保城建工程的提效提质，协调解决实施过程中遇到的重难点问题。为加大统筹协调力度，加快推进重大项目实施，武汉市就城建重点工程协调推进建立了三级会议协调制度，即市城建工作例会、市城建工作专题会、现场指挥部调度会的协调推进机制。市城建工作例会由市政府主要领导召集，负责研究和审定城建交通投资计划、各专项规划、重大城建项目规划和建设方案、重大政策措施、城建项目筹融资方式创新，部署重点工作和任务，定期通报重点工作进展情况，对重大城建项目征拆、安全管理、工程进度、投资、文明施工等进行调度、检查、督导。市城建工作专题会由市政府分管领导召集，负责研究城建交通投资计划、各专项规划、城建项目规划和建设方案、城建项目筹融资方式，协调解决项目推进中的突出问题，部署和调度重点项目、重点工作以及需提请市城建工作例会研究的事项。现场指挥部调度会分别由城建、规划、交通、城管、水务、园林等行业主管部门召集，负责具体督促工程建设中进度、质量、安全和文明施工管理，协调解决工程建设中出现的有关具体问题和矛盾，对本层面难以解决的问题进行综合分析、提出解决问题的建议并提请市城建工作专题会研究。

参考文献 Reference

[1] 武汉市交通发展战略研究院. 2011年度武汉市交通发展年度报告 [R]. 2011.

[2] 武汉市规划研究院. 二环线汉口段建设方案研究 [Z]. 2021.

[3] 武汉市规划研究院. 中南路与中北路综合整治工程规划 [Z]. 2015.

[4] 武汉市规划研究院. 二环线龙阳大道段规划方案研究 [Z]. 2018.

07 实施性规划的编制

快速路项目以纳入城市的城建计划为标志，代表着快速路从规划控制阶段转向工程实施阶段。为了协调好道路实施与两侧用地的关系，确保每个快速路工程按照系统规划要求落地，规划的综合统筹作用十分重要。武汉市快速路系统历经数十年能够稳步推进，规划部门从系统规划到实施规划的全程参与起到了关键作用。在快速路实施阶段，首先启动的工作就是快速路总体规划方案研究以及修建性详细规划的编制，既可服务于规划行政管理审批，也可有效指导工程设计与实施。

武汉市规划研究院是全市快速路实施性规划研究和编制的核心团队，本书编写组成员均参与了武汉市多条快速路实施性规划的编制工作。本章将从快速路项目实施性规划编制流程、总体规划方案研究、修建性详细规划方案编制 3 个层面，介绍武汉市快速路实施性规划开展的相关经验。

7.1 实施性规划编制阶段

快速路系统规划阶段重点关注快速路的功能定位、路由选择、体系布局等内容，实施性规划则重点关注快速路的具体建设方案和用地协调，在满足系统要求的前提下推进快速路工程的落地。在技术层面，需要将快速路从宏观层面的"一维线位控制"细化为"三维实施方案"，明确道路规模、建设形式、建设标准、平面布局、竖向关系、立交节点方案、道路断面（含市政管线）布局等各种工程技术要求。在管理层面，通过形成控制性详细规划等法定化规划设计成果，界定工程范围、协调用地关系等，为项目前期阶段各主管部门的管理审批提供技术支撑，支撑项目立项审批、可行性研究审批、规划手续办理等前期工作。

武汉市快速路实施性规划包括总体规划方案研究与修建性规划方案编制两个阶段，一般由快速路项目建设业主单位联合规划部门、城建部门组织具有相应资质的技术单位开展编制工作。总体规划方案研究阶段主要明确快速路的建设标准（建设形式、建设规模、设计车速等），总体方案（快速路平面布局、出入口设置、立交的间距和形式等）以及初步测算投资成本，重点考虑快速路的服务对象，车流的集散方向及比例，与沿线重要建（构）筑物的关系等因素。修建性详细规划方案编制阶段是对快速路总体方案的深化和细化，包括道路排水修建性详细规划和市政管线修建性详细规划（或综合规划）两种类型。其中道路和排水修建性详细规划重点深化道路及排水管线平纵横技术方案、交通组织与配套工程、标准路段其他市政管线种类及相对平面位置关系，管线修建性详细规划（综合规划）重点统筹安排各类工程管线的平面、竖向位置以及协调工程管线之间、管线与其他工程结构（如高架桥墩、地铁线路）之间的关系。

7.2 总体规划方案研究

7.2.1 总体规划方案研究的主要内容

总体方案研究需要在落实系统规划要求与满足各方利益诉求之间寻求可行方案，其重点在于以下3个方面。

一是落实系统要求。城市快速路网是一个整体规划但分期建设的网络体系，为保证快速路体系完整、有效落地，总体方案研究首先要落实快速路系统规划中对本项目路段走向、规模、节点功能等的要求，对于因分期建设而暂时无法实现的系统功能要充分预估并提出应对措施，避免出现道路建成反而加剧拥堵的阶段性问题。为实现快速路网对外与公路网络、对内与城市低等级路网的顺畅衔接，还需要研究配套疏解项目安排。

二是明确建设方案。城市快速路的建设形式应首先满足系统功能和交通需求，同时也需要结合城市用地建设进行适当优化，在建设形式的选择上要充分考虑沿线用地性质及发展情况、规划道路红线宽度、周边路网的衔接条件、建设周期和城建投资能力等，坚持可行性和前瞻性相结合。此外，快速路作为长距离线性工程，不可避免地与城市轨道、铁路、干线管廊等相交，需要在总体方案研究阶段就协调不同部门诉求，充分预留好相交节点建设条件。

三是发现并消除用地矛盾。在明确项目实施边界的基础上，充分收集沿线用地权属单位、相关职能部门、项目所在行政区等的诉求，核实基本农田、生态红线、湖泊蓝线等用地约束条件，协调与沿线地块的关系，对于需要协调的部门、单位要提前对接、征求意见，开展相关用地预审等工作，提前暴露并消除建设中的用地矛盾，确保工程开工后顺利推进。

7.2.2 总体规划方案研究的审查流程

总体规划方案研究主要包括规划编制、意见征求、上报审批3个阶段。规划编制阶段重点研究快速路的建设标准（建设形式、道路规模、设计车速等），总体方案（快速路平面布局、出入口设置、立交的间距和形式等）以及初步测算投资成本，重点考虑快速路的服务对象，车流的集散方向及比例，与沿线重要建（构）筑物的关系等因素，形成初步规划成果；对于复杂项目，为确保方案功能需求与经济、技术可行性的统一，总体规划方案研究阶段可同步启动项目工程可行性研究，论证复杂技术问题解决方案，为总体方案的科学性提供技术支撑。总体方案成果形成后，需广泛征求相关利益单位和群体的意见，一般结合项目特点和需求，通过会议、书面、网络等多种方式，主要涉及以下 5 个层面：①专家意见征询，包括城市规划、道路、桥梁、隧道、交管、水务、景观等相关领域的专家意见；②项目沿线相关区政府意见；③铁路、轨道、交管、公交、水务、园林、文保等相关行业主管部门的意见；④受项目建设影响且意见较为关键的重要单位，如部队、学校、省市政府单位等部门和单位意见；⑤社会公众，尤其是道路沿线小区居民的意见。快速路项目一般是跨区域的重大工程，经过充分论证的总体方案一般需报请市政府审定决策，作为项目立项、用地协调、确定投资的依据。

7.2.3 相关案例

杨泗港快速通道工程，包含杨泗港长江大桥及两岸接线工程，是主城区"三环十五射多联"快速路系统的重要组成部分，该通道贯穿武汉东西，直接联系汉阳、武昌两大区域，可直接服务于东西湖金银湖、汉口古田、汉阳四新与武昌南湖、白沙新城、东湖开发区之间的区域

图 7-1 杨泗港快速通道工程示意（编制时间：2022 年 6 月）

联系（图7-1），2009年即开展了通道工程全线的方案研究工作，其中杨泗港快速通道青菱段作为武昌岸接线道路，沿线与铁路、高等院校、大型单位、地铁线路、高压走廊等相交，涉及协调对接的要素众多，本节将以青菱段为例简述总体规划方案的编制过程。

杨泗港快速通道青菱段西起白沙洲大道，东至二环线珞狮南路，长约5.4km，总体方案研究工作由武汉市自然资源和规划局会同建设业主组织武汉市规划研究院作为技术牵头单位联合多家设计单位开展，综合考虑沿线用地性质、红线宽度、交通需求、路网衔接、节点功能、投资造价等因素，通过对隧道、地面、高架3种建设方式的分析比选（表7-1），推荐青菱段采用高架为主的建设方式，主线双向6~8车道规模，并对重要节点进行多方案比选论证。

青菱段建设方式比选分析　　　　　　　　表7-1

项目因素	隧道方式	地面方式	高架方式
交通功能	主线快速，重要节点转向不便，服务功能较差	主线快速，节点转向不便，服务功能差	主线快速，节点转向便捷，服务功能强
道路红线控制宽度(m)	60	70	50
与既有工程衔接	无法对接	无法对接	容易对接
穿越铁路可行性	实施难度大（下穿铁路焊轨基地、城际铁路桥墩）	不可行，铁路相交段必须建设高架或下穿隧道	可行，需要转体施工
对学校影响	影响较小	影响最大	影响较大
工程投资	最高（约6亿元/公里）	较低（约1亿元/公里）	较高（约3亿元/公里）

最复杂的节点位于青菱段与京广铁路走廊、武昌首义学院相交处，铁路走廊内不仅存在13股铁路线（含武黄城际高架铁路），还设置有焊轨基地（图7-2）。由于武黄城际铁路已开通运营，该段下行桥桩基础均按摩擦桩设计，若道路采用下穿方案，施工风险极高，对城际铁路基础的影响更是难以预测。另外，隧道需下穿焊轨基地桩基础，需深埋于地面以下至少30m才能避开门式起重机群桩基础，工程代价巨大。因此，穿越京广铁路走廊节点无法实施隧道方案，只可采用高架转体施工方案上跨铁路。高架上跨、转体施工方案随后也获得了武汉铁路局的书面同意。

然而，武昌首义学院紧邻京广铁路走廊，高架建设方式将对学校产生较大影响。为降低不利影响并保障快速路建设条件，规划方案多次结合学校意见优化调整。在学校校园总体规划阶段预留通道的基础上，深化校园段方案布局，通过设置隔声屏、采用降噪路面等措施降低高架桥带来的噪声影响，对桥下地面空间进行提档升级改造为绿化广场，同时通过采用抬高桥下净空、加大桥墩间距等方式减少高架桥对校园的分割影响。

青菱段总体规划方案的成果经专家审议后上报武汉市政府审定通过，期间，在武汉市城建重点工程领导小组的统筹下，多次与武汉铁路局、武昌首义学院、马应龙药业等单位对接协调，并征求了武昌区政府、洪山区政府、市城建局、市交管局、武汉地铁集团等部门意见，深度吸收意见后优化形成最终的规划方案（图7-3、图7-4）。

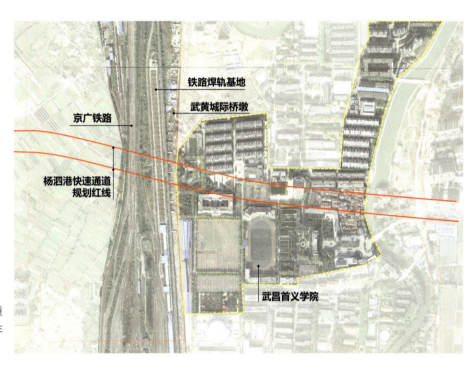

图7-2 京广铁路走廊节点重要要素（编制时间：2016年6月）

图7-3 杨泗港快速通道青菱段效果图（编制时间：2016年6月）

图 7-4 杨泗港快速通道武昌首义学院段航拍图

7.3 修建性详细规划

武汉是全国范围内最早开展交通市政基础设施工程的修建性详细规划编制工作的城市之一。《武汉市城乡规划条例》第四十七条明确了修建性详细规划的适用范围和作用,"建设线性交通、管线工程的,建设单位应当在申请办理建设工程规划许可证时提交修建性详细规划"。修建性规划在协调用地矛盾、支撑管理审批、指导工程设计实施等诸多方面作用显著,极大地提高了武汉市城建项目的推进效率,厦门、天津等多个城市相关部门都曾到武汉考察借鉴。

通过武汉市多年的实践和探索,目前重点城建工程的道路和排水工程修建性详细规划已成为武汉市城建工程前期工作程序中的重要组成部分(图7-5)。本节从规划研究内容、方案审查流程、修建性详细规划编制的相关思考、相关案例研究4方面介绍修建性详细规划的作用和编制方法。

图7-5 武汉市修建性详细规划成果展示

7.3.1 修建性详细规划的主要内容

修建性详细规划主要包括道路和排水修建性详细规划和管线综合规划(管线修建性规划)两种类型。道路和排水修建性详细规划在内容上包含道路规划方案和排水规划方案两部分,其中道路规划方案主要包括功能定位、建设标准、建设方式、平面布局(慢行、车行、绿化、设施空间等)、断面布置(含市政管线空间布置)、交通组织、竖向设计等;排水规划方案主要包括明确排水体制、建设标准、系统方案、管道布局及规模、竖向设计等内容。管线综合规划系根据规划道路方案,综合考虑电力、通信、排水、给水、燃气等管线的需求量、安全性等因素,在规划道路平面和断面上确定各类管线的水平位置和竖向标高,从而明确各类工程管线的埋设深度和覆土深度要求。

修建性详细规划成果在形式上包含说明书和图纸两部分，其中说明书主要涵盖项目现状分析、上位规划解读、规划方案、投资估算、实施要求等内容，图纸包括项目区位图、道路和市政管线系统图、交通组织图、道路或市政管线平面图、断面图以及其他特殊图纸。早期武汉市道路修建性详细规划范围仅覆盖道路红线，自2018年全要素理念提出后，规划范围拓展至道路两侧建筑，覆盖从建筑到建筑的完整街道空间，以便整体风貌塑造。修建性详细规划需对规划范围内的各类空间进行划分，确定平面布局，标注空间尺寸、主要控制点竖向高程、坐标等。一般而言，修建性详细规划既要明确道路工程自身的详细方案，还需要考虑道路建设对区域交通组织、排水体系、沿线用地单位的影响，并提出相应的规划要求及建议，编制深度应基本达到初步设计深度，并作为武汉市规划部门开展相关行政许可、批复的依据，指导下一步设计、施工相关工作。

根据武汉市的道路建设实践，快速路、主干路等道路建设需开展道路和排水修建性详细规划、管线综合规划，二者同步编制或者前后编制，以适应城建项目推进的时序要求；次支路等道路建设一般只需开展道路和排水修建性详细规划。由于快速路、主干路等大型、复杂的道路建设工程往往涉及电力、电信、燃气、给水、雨水、污水等大量管线的新建和迁改工程，具有管线杂、部门多、协调难等特征，管线综合规划为协调各类管线使用单位、主管部门、建设平台等的意见提供了良好的技术平台和对话机制，有利于实现项目前期工作的精细化，减少后期建设矛盾。由于管线涉及部门较多，对于前期阶段时间紧迫的项目，可将管线综合规划单独列项编制，有利于前期道路和排水修建性详细规划先行批复，尽快办理用地等相关建设手续，为项目建设争取时间。

7.3.2 修建性详细规划的审查流程

修建性详细规划由建设业主单位组织具备资质的技术单位编制完成后，提交规划管理部门审查。规划部门一般通过技术审查并结合开展部门和专家意见咨询会，论证编制成果的合理性，并结合会议意见出具项目审查意见。审查意见主要包括项目起终点、功能定位、道路平面方案及主要横断面、排水及污水方案的认定，并提出下一步深化落实的规划设计要求，通过修建性详细规划的审查，规划管理部门可以有效实现对快速路等项目的方案把控，确保工程方案符合全市快速路系统性规划的要求，并为办理用地预审与选址意见书、建设用地规划许可证和建设工程规划许可证等相关手续提供技术支撑。

7.3.3 修建性详细规划编制的相关思考

1. 更好传导规划理念

修建性详细规划不仅仅是对前期规划总体方案的落实，同时也为下一步施工设计过程中形成更好的街道空间提供指导。目前武汉市在修建性详细规划编制阶段全面推广落实全要素理念，将道路修建性详细规划编制范围从红线范围推广至从建筑到建筑的完整街道空间，注重全

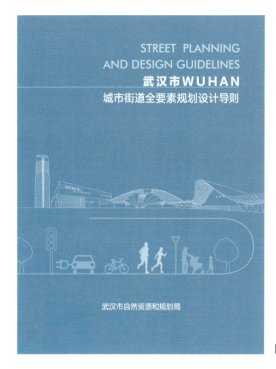

图 7-6 《武汉市城市街道全要素设计导则》

要素、全空间、全周期的控制落实,并针对不同类型规划要素,分别通过刚性控制(如非机动车道宽度)、弹性控制(如立体过街布局)的原则进行管控落实(图 7-6)。

为了规划理念的有效传导,结合武汉市修建性详细规划审查制度,武汉市规划部门主动推行"规划师下沉",重点项目由规划师定期到施工现场进行沟通,核实规划落实情况,配合业主单位做好相关标准审查。在涉及街道品质的慢行空间建设、涉及功能的重要节点建设中,规划师强化现场对接,直接参与样板路段的建设形式、施工工艺的现场确定,保障建成效果,同时持续强化全要素等规划理念宣传。

2. 强化用地关系协调

开展道路工程修建性详细规划,将更好地协调道路与用地的关系,融合片区交通组织规划,衔接片区的市政管网规划,充分实现道路规划功能。道路、排水方案的合理性、可行性和可控性更高,可减少建设期间协调工作,缩短建设工期,节约工程投资,有利于打造精品道路工程,提升城市品质。

3. 建立弹性协调机制

随着设计施工阶段的方案深化、用地协调的推进等因素影响,设计施工阶段可能出现对规划方案进行局部调整。与前期经批复的修建性详细规划方案不一致的地方也可视情况采取整合措施:对不影响道路主要功能的一般调整,可通过设计阶段的专家论证后落实调整,如有必要可由建设单位向规划主管部门去函征求意见;对影响路网结构、道路功能且不可避免的重大调整,应对相关道路的道路和排水修建性详细规划进行修订并重新报批。

4. 支撑后续手续办理

修建性详细规划经地方性法规条例明确后，具有一定的法定效应，是服务规划管理部门开展审查、审批工作的重要技术文件。因而项目编制要密切对接城市规划管理的发展要求，及时优化完善规划编制内容，服务规划管理部门审查方案和办理"一书两证"，服务发改等立项审批部门审批项目建议书和工程可行性研究报告等，有利于精确、合理控制投资规模。

7.3.4 相关案例

以三环线西段综合改造工程修建性详细规划为例，2011年为进一步提升三环线的快速交通服务及环城生态隔离带功能，武汉市国土资源和规划局按照市政府相关要求，组织开展三环线全线总体改造规划的方案研究工作，经市政府多次专题研究后，总体规划方案于2013年审定通过，其中三环线西段以保证通过性交通快速连续、提升断面容量以及解决软土地基隐患为目标，在既有的地面道路路基中间建设双向6车道连续高架桥，同步优化部分立交节点。为协调与城市用地布局及路网系统的关系，指导下一步设计施工，武汉市规划研究院开展了三环线西段综合改造工程的道路排水修建性规划编制工作。

修建性详细规划首先会对总体方案研究阶段论证的过程、议定的事项进行总结，收集工程所在区域的控制性详细规划以及交通市政系统规划、专项规划，申请调取沿线用地开发的审批方案，相关交通市政工程的修建性详细规划，并由建设业主提供1∶500比例尺精度的管线、地形资料，路口、路段的流量及转向需求等资料。基于现状资料梳理三环线西段现状道路横断面布置，人行过街等交通设施，各类地下管线规模和位置，自然地势及容易积水路段状况，沿线小区及单位的出入口等情况，形成详尽的现状分析。此后，依据前期总体方案研究的成果确定道路各要素建设标准，主要包括道路等级及功能、设计车速、通行净空、机动车单车道宽度（路段、路口处）、非机动车道宽度及隔离要求、人行道宽度、排水体制及标准等，并绘制道路规划横断面图及道路平面图，道路规划横断面图比例尺一般采用1∶200，主要反映地上、地下各类要素的相对位置关系及尺寸，以标准段横断面为主，补充道路与铁路、轨道站点、排水渠道等相交节点特殊横断面，规划断面与现状断面一一对应，方便设计单位、审查单位、建设业主等迅速掌握道路改造、管线改迁的总体情况。道路平面图比例尺一般采用1∶1000，由于三环线西段综合改造工程包括长距离高架及互通立交，因此道路平面图需要将地面层与高架层分开表示，形成地面层道路平面图与高架层道路平面图，其中地面层平面图主要反映地面层车行、慢行、分隔带等要素平面位置、宽度、竖向高程、坐标定位以及公交站点，人行地面过街等设施（结合现状布局及未来需求统筹确定），相交道口控制方式及渠化形式（结合道路等级及路口转向流量确定），掉头车道设置，地块出入口布局示意等；高架层平面图主要反映高架层（车行高架主线、匝道、立交、人行天桥等）平面位置、宽度、竖向高程、坐标定位，与沿线建（构）筑物最小距离，桥墩的布局示意（涉铁、涉水等重要节点提前与设计单位对接）等。纵断面简图主要反映道路高架层的起落坡点、坡长、坡度、竖向高程、竖曲线指标，可以清晰地反映出三环线西段高架与相交道路、铁路、轨道、渠道等相关工程的垂直关系,以确保不同设施之间竖向净空及净距满足规范要求。排水平面图比例尺一般采用1:1000,结合区域排水系统分区,排水出口方向、排水管线现状及规划道路与周边的地势起伏,确定规划排水管线或渠道的尺寸、管底高程、长度、排水方向及坡度,距规划道路中心线距离,涉及用地的设施(如调蓄池、立交泵站等)标明用地规模和建设规模(图7-7图纸仅为示意)。

(a)总体建设图示意

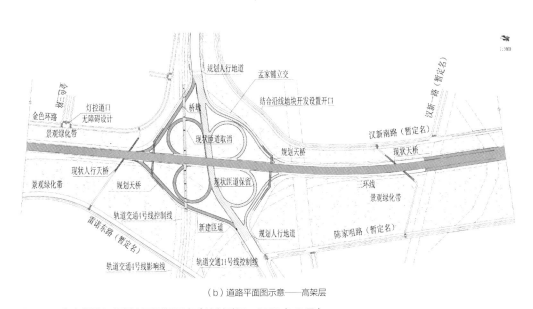

(b)道路平面图示意——高架层

图7-7　修建性详细规划主要图纸示意(编制时间:2015年3月)

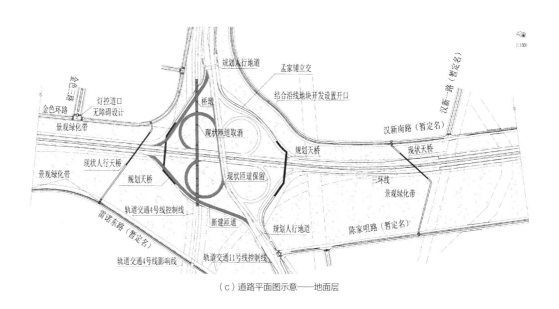

（c）道路平面图示意——地面层

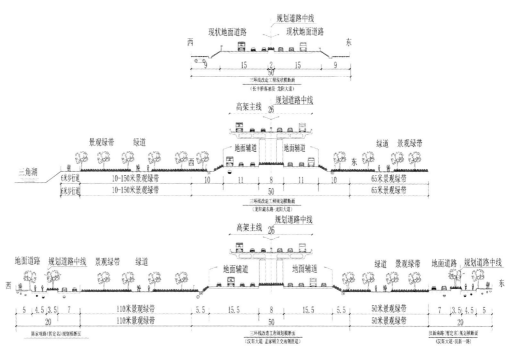

说明：
1. 本图比例为1:200，图中尺寸除注明管线以毫米计外，其他均以米计。
2. 图中 分别表示电力、通信、燃气、给水、雨水、污水管、盖板沟。
3. 道路车行道横坡1.5%，人行道横坡2.0%。
4. 现状管线位置和规模以实测为准。
5. 图中标注管径大小的为现状管线，其余均为规划管线。

（d）横断面示意

图7-7 修建性详细规划主要图纸示意（续1）（编制时间：2015年3月）

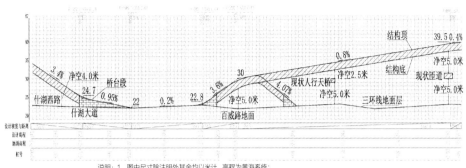

(e) 纵断面简图示意

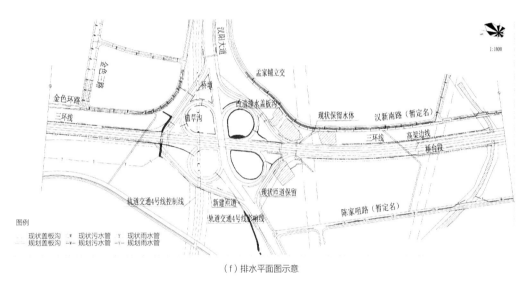

(f) 排水平面图示意

图 7-7 修建性详细规划主要图纸示意（续 2）（编制时间：2015 年 3 月）

参考文献 Reference

[1] 武汉市规划研究院. 杨泗港快速通道青菱段深化方案研究 [Z]. 2013.

[2] 武汉市规划研究院. 三环线西段综合改造工程道路排水修建规划 [Z]. 2015.

第四篇
武汉经验
——快速路系统评估与总结

08 快速路系统的建设与运行评估

09 武汉市快速路的实施经验

10 创新理念及典型案例

08 快速路系统的建设与运行评估

随着城市快速路系统从大规模建设阶段转向系统成形后的优化完善阶段，有必要对系统建设过程展开复盘思考，对现状运行进行评估分析，以更好地谋划城市快速交通的继续发展和完善，本章从快速路系统的总体建设情况、运行功能效果、存在的问题与思考 3 个方面展开。

8.1 快速路总体建设情况评估

为了便于开展快速路系统的整体评估，将快速路网简化成线路和节点，定量分析快速路线网规模、形态和节点布局，以评估城市快速路的整体发展水平，分析快速路与城市用地、整体路网的协调程度。

8.1.1 建设规模

1. 国家规范达标率

依据《城市综合交通体系规划标准》GB/T 51328—2018，规划人口大于 200 万的城市，干线道路网密度在 1.5～1.9km/km² 较为合理。据统计，武汉市主城区规划干线道路里程 805km，干线道路密度为 1.7km/km²（扣除江面面积后计算），2020 年底已建成干线道路 725km，干线道路密度为 1.53km/km²（扣除江面面积后计算），已达到国家标准要求的合理区间，为城市机动车长距离出行提供了良好的保障（表 8-1）。

武汉市主城区干线道路密度与规范值对比　　表 8-1

道路等级		道路里程（km）		路网密度（km/km²）		实施率（%）
		规划	2020 年底已建	规划	2020 年底已建	
干线道路	快速路	305	287	0.57	0.54	94
	主干路	500	438	1.13	0.99	88
合计		805	725	1.7	1.53	90

2. 规划实施率

武汉市主城区快速路系统规划里程305km，至2020年底已建成通车287km，规划实施率高达94%，仅友谊大道（正在建设）以及欢乐大道、鹦鹉大道局部段尚未实现快速化。

从武汉市快速路建成比例看，主城区快速路系统建设进入尾声，进入优化完善阶段。但目前市域范围内的高快速路体系仍有较大缺口，据统计，市域范围"六环二十四射多联"的高快速路系统至2020年底已建成通车1179km，实施率不足60%，远低于同期主城快速路实施率，预计"十四五"期间，武汉市高快速路建设的主要方向是新城组团的快速通道、都市圈范围的高速公路等。

3. 全球视野下的武汉快速路体系

城市快速路系统规模的考量，主要有长度、密度、人均或车均里程数等指标。总体长度受城市规模影响较大，路网密度、人均里程、车均里程等数据更能客观地比较不同城市的快速路建设状况。

（1）快速路系统规模的比较

基于武汉市远期建成国际化超大城市的战略目标，选取全球6个超大城市进行对比，综合考虑经济发展水平、机动车保有量、中心城区规模、人口密度等因素，评估武汉市快速路在全球超大城市中的发展水平（表8-2）。考虑各城市的城市形态、空间格局差异较大，为保证对比结果的科学性，快速路相关指标对比主要针对建设集中的城市中心区开展；受到可查询信息制约，为便于对比，各城市相关数据以2017年指标为主。

国内外大城市人口、GDP、机动车保有量及中心城区快速路规模对比　表8-2

城市 各项指标	武汉	北京	上海	东京	纽约	芝加哥
数据基年（年）	2017	2017	2017	2017	2017	2017
全市人口（万人）	1089	2171	2418	1350	856	—
全市人均GDP（美元）	16789	18912	17588	71335	105840	75000
千人机动车保有量（辆/千人）	252	259	149	328	245	—
中心城区面积（km²）	683	1368	660	627	784	590
中心城区人口（万人）	666	1209	1506	924	856	272
中心城区人口密度（人/km²）	9748	8834	22823	14737	10918	4610
中心城区快速路里程（km）	270	312	283	206	288	133
中心城区快速路密度（km/km²）	0.39	0.23	0.42	0.33	0.37	0.23

续表

城市 各项指标	武汉	北京	上海	东京	纽约	芝加哥
中心城区人均快速路里程（m/万人）	405.4	258.1	187.9	223.0	336.4	489.0
中心城区车均快速路里程（km/万辆）	160.9	99.6	126.1	237.2	137.1	—

注：武汉、北京、上海、东京、纽约、芝加哥对应的中心城区分别为主城区、城六区、中心城区、东京都、纽约城、芝加哥城。
数据来源：《北京统计年鉴2018》《上海统计年鉴2018》、网站"Trust for London""Open Data Network""东京都""Statistics Japan"等。

综合比较，武汉市中心城区的快速路网密度仅次于上海，与纽约、东京相当，高于北京和芝加哥，整体上处于世界前列水平。中心城区人均快速路规模仅次于芝加哥，车均快速路里程也高于除东京外的其他城市，说明相比于中心城区人口的聚集度和城市的机动化发展，武汉的快速路建设阶段较为超前。

（2）快速路建设时序的比较

对比各国的快速路建设时期，美国城市小汽车率先普及，快速路早在20世纪50～70年代就开始大规模建设。日本经济高速发展是在70～90年代，这一时期同样也是快速路大发展的阶段。我国北京、上海均于90年代才开始快速路建设，这一阶段两个城市的GDP均已达到千亿美元水平，既有前期改革开放的成果积累，又处于机动化的快速扩张期。

从城市发展阶段来看，全球范围内各城市快速路的建设有类似的发展规律，快速路建设基本与小汽车快速发展同期或略有提前。当城市快速路规模突破50～100km时，往往处于城市快速路大规模网络化构建时段。当快速路已经具备一定规模后，整体的建设速度开始放缓，进入稳定发展期（图8-1）。

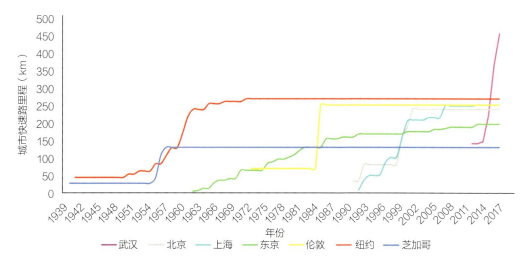

图8-1 武汉及国内外六大城市快速路建设时序对比分析

数据来源：综合维基百科、百度百科、Google Map等资料，其中伦敦快速路数据为整个城市范围内数据，大于城市中心区快速路里程。

8.1.2 总体格局

1. 高快速路网有效支撑了城市空间拓展

武汉市城市发展延续了《武汉市城市总体规划（2010—2020年）》确定了以主城为核、6个新城组群轴向拓展的"多轴、多中心"空间格局，高快速路构成了主城与新城组群之间主要的发展轴，并与市域快线等轨道线路配对，共同组成"多快多轨"的复合交通走廊，形成城市空间骨架。

截至2021年，武汉市主城区以外轨道交通建设仍滞后于高快速路建设，目前新城区空间发展主要依赖于高等级道路。从2016年都市发展区的建设强度分析数据可以看出，主城区对外呈轴线拓展的特征明显，而这些发展轴的交通骨架主要是高快速路（图8-2）。

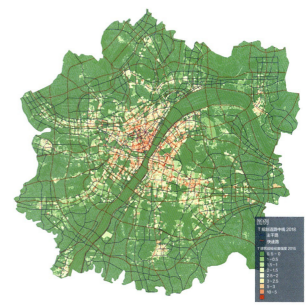

（a）都市发展区

图8-2 都市发展区及主城区2018年现状建设强度分布

（b）主城区

以东湖高新区为例，自2009年被批准为国家自主创新示范区以来，东湖高新区深耕高新技术产业，因规模集聚、技术领先的光电子产业突出，东湖高新区以"中国光谷"的美名广为人知。2019年"光谷"已成为全球最大的光纤光缆研制基地、全国最大的光器件研发生产基地、国内最大的激光产业基地，"光谷"的光纤光缆占全国市场的66%、国际市场的25%，销量世界第一。按照市政设施先导、引领产业发展的思路，高新区提前开展了骨架路网的建设，高新大道、高新二路、高新三路、光谷二路、光谷三路、绕城高速公路等高快速路和主干路贯通后，迅速拉开了东湖高新区空间发展的骨架，向西衔接主城区、向东衔接鄂州，对促进区域早期开发起到了关键支撑作用（图8-3）。

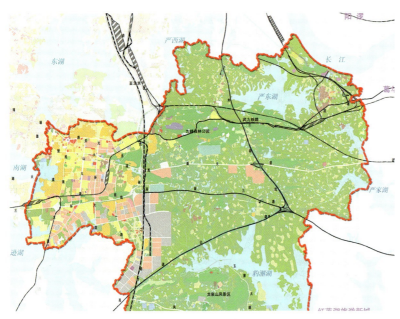

（a）用地和建成道路集中于东湖高新区西部（2010年）

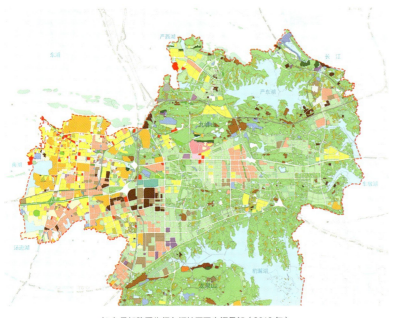

（b）骨架路网先行东拓拉开了空间骨架（2016年）

图8-3 不同年份东湖高新区用地现状图

以快速路为主的骨架路网体系支撑了武汉市城市空间的有序发展，既促进了城镇化的进程，为空间的拓展提供了可能，又对空间发展方向有所约束，引导新城沿轴向开发。

2. 主城区"环射成网"快速路高效服务城市核心区

"十一五"以来，武汉市机动车总量一直处于持续快速增长状态，近年来机动车年均净增量超过 30 万辆已成常态，截至 2020 年底，机动车保有量逼近 380 万辆，千人机动车保有量高达 313 辆，已经超过上海、广州、深圳等城市。并且武汉市机动车增长主要集中于主城区，2012~2019 年主城区机动车净增量累计 123.6 万辆，外围机动车净增量累计 31.58 万辆，仅为主城的 1/4，2019 年主城区机动车占全市机动车保有量的比例已由 2012 年的 58% 增长至 69%，主城区交通压力持续增长（图 8-4）。

在机动车超高速增长的背景下，武汉市主城区道路交通运行基本保持稳定（图 8-5），2016 年以来在全国城市拥堵的排名中反而呈逐年下降趋势，这与快速路系统的迅速完善密不可分。2018 年、2016 年主城区快速路里程分别为 254.4km 和 234.7km，较 2012 年分别增加 71.7km、52km。2020 年，快速路以 13% 的路网长度承担了约 55% 的机动化交通出行需求，特别是快速环线充分发挥了快速路作为道路主骨架的"流量担当"作用，支撑了武汉

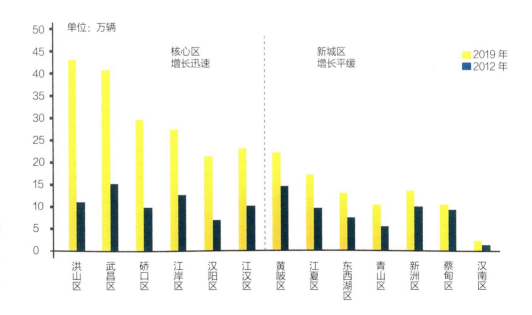

图 8-4 分区机动车拥有量变化图

图片来源：武汉市交通发展战略研究院《2020 武汉市交通发展年度报告》

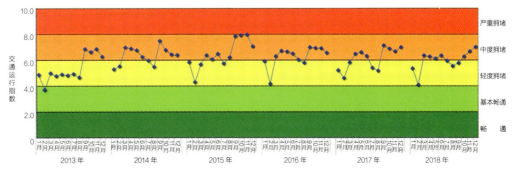

图 8-5 武汉市主城区交通运行指数月度趋势图

图片来源：武汉市交通发展战略研究院《2019 武汉市交通发展年度报告》

市中央商务区、二七滨江、武昌滨江等高强度重点功能区的建设要求。以二环线为例，10年间交通流量增长2~3倍，路段高峰小时交通量高达8000~10000辆，全天总交通量达到153.3万车次，全长48km的二环线，以主城2%的道路里程承担了主城26%的交通量。

3. 三镇"因地制宜"的快速路格局

汉口、武昌、汉阳三镇中武昌地区快速路里程领先，但区域面积也最大，快速路密度低于汉口地区。汉阳地区的快速路先期实施，虽然其发展滞后于汉口、武昌，但快速路建成里程和密度却均是三镇中最高的区域（图8-6）。

汉口近代以来受开埠影响，滨江区域开发强度高、密度大，城市用地的发展先于快速路建设，区域内快速路建设以现状道路改造为主。汉口西南邻汉江、东临长江，用地空间由两江交汇点向外呈扇形分布，一环线、二环线、三环线也由内而外呈同心圆状逐渐扩大。但垂江通道间距由主城外围向核心区间距逐渐缩小，导致进城方向的交通在滨江区域高度聚集，加剧了一环线、二环线的交通压力，因而汉口地区一直在快速路网基础上致力于打通环线间平行分流通道，如前面提到规划预控的横一通道就是在一环线与二环线之间谋划的分流通道。

汉阳虽然历史悠久，但2005年以前其城市空间的拓展极为有限，主要用地集中于临汉江、长江的一线滨江空间，"十一五"以来在武汉市城市总体规划的指导下才开始向南跨湖，开启大规模的城市和道路建设。这种先规划后建设的模式，使得汉阳成为三镇中路网布局最均衡、用地布局和快速路功能结合最充分的一个区域，骨架路网呈现规则的方格网。

武昌是主城区中面积最大的区域，然而受地理条件约束，整体城市建设用地集中于南北向

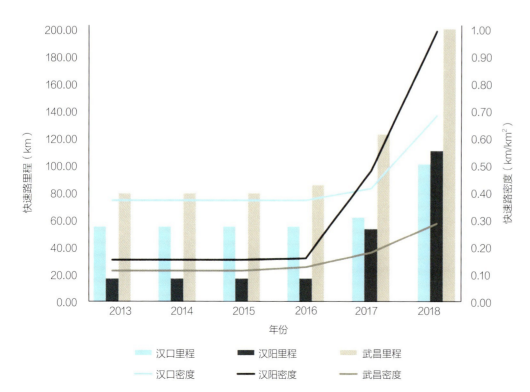

图8-6 武汉三镇近年快速路里程和密度变化

数据来源：武汉市交通发展战略研究院《武汉市交通发展年度报告》（2014~2019年）

临江发展带、东西向穿越东湖与南湖的发展带，呈T字形分布，类似于两个相互垂直的带状组团，东西向通道资源紧张，导致一环线、二环线武昌段间距最近处不足1.5km，而二环线与三环线间距则达到8~10km，东西向的雄楚大街、三环线南段等快速路高峰时期拥堵较为严重。武昌区骨架路网的完善重点也在骨架路网的基础上通过盾构等新型建设技术，在不影响生态景观的前提下开辟地下通道，消除山体、水体阻隔。

8.1.3 立交节点

快速路系统路权独立、封闭运行，立交节点是快速路系统实现内部环射转换，对外联系用地、实现服务功能的"门户"。对比各城市的建设经验来看，城市立交节点的间距除了应考虑相交道路的等级、设计速度等因素，还应考虑快速路的区位和功能特点，其合理间距应根据快速路所在区域和服务功能确定。快速路系统以"环+放射线"模式布局时，可按以下分类方式对立交合理间距进行界定：①位于中心城区的快速路，如内环线和组团间的环线。这类快速路两侧用地建设集中，建设成熟度较高，它们承担的是城市内部快速交通输配，交通转换需求大，立交间距设置较密，一般在1.5~3.0km，最小间距可以在0.9~1.0km。②位于城市建设区边界或建设区外围的快速路，如城市外环线。这类快速路主要服务主城区内外交通转换，承担远距离过境交通，交通转换的方向性明确，立交间距设置较稀疏，一般在3.0~5.0km，最小间距可以在1.0~1.1km。③放射线，主要承担城市对外交通，立交节点主要是与环线相交的节点，其立交间距主要取决于城市环线与环线之间的距离，一般在2.0~6.0km。

至2020年，三环线已建成立交26座，平均间距在3.0~4.2km，总体布局较为合理。其中，西段、东段为生态绿楔，交通转换需求较小，立交间距较大。北段、南段、西南段为集中建设区，局部路段立交间距也偏大，对区域交通服务偏弱，导致交通需求过于集中，主要表现在北段三金潭立交与平安铺立交之间距离8.5km，南段野芷湖立交和庙山立交之间距离5.3km，应考虑结合通道设置和交通需求新建互通立交（表8-3）。

三环线现状立交间距　　　　　　　　表8-3

路段	个数（座）	平均间距（km）	最大间距（km）	最小间距（km）
北段	7	3.6	8.5 三金潭—平安铺	0.6 额头湾—竹叶海
东段	5	4.2	4.7 花山—老武黄	1.0 友谊大道—青化
南段	11	3.0	5.3 野芷湖—庙山	0.9 庙山—老武黄
西段	3	3.7	4.1 汪家嘴—孟家铺	0.6 孟家铺—米梁山

二环已建成立交 13 座，平均间距约 3.7km，最小间距 1.5km。最大间距在红庙立交与尤李立交之间，约 8.8km，主要受东湖制约没有相交干路与之进行转换衔接。另外，二环线上除了互通立交，还设置有 45 处上下桥匝道和 12 对地面主辅交换车道，主线进出口平均间距仅约 1km，高密度匝道设置的本意是提高环线对沿线各区用地的服务水平，但从运行现状来看，出入口密度过大导致部分短距离交通也向二环线主线集聚，交通压力过大，也影响了主线快速交通效率。

主城区现状放射线 14 条，建成立交 40 座，其中分别有 11 座、13 座与二环、三环相交，各条放射线立交的平均间距在 1.4~7.5km，整体立交间距合理（表 8-4）。

放射线现状立交间距　　　表 8-4

编号	放射线名称	长度（km）	立交数（座）	平均间距（km）
1	长丰大道	7.2	13	7.2
2	汉江大道	7.8	6	1.6
3	姑嫂树路	2.8	2	2.8
4	金桥大道	4.6	2	4.6
5	江北快速路	7.5	1	7.5
6	欢乐大道	5.7	3	2.8
7	雄楚大街	10.7	3	5.3
8	东湖通道—光谷大道	15.8	5	3.9
9	珞狮南路	6.5	3	3.2
10	白沙洲大道	7.3	3	3.6
11	国博大道	5.5	5	1.1
12	江城大道	7.3	3	2.4
13	龙阳大道	4.5	3	2.3
14	墨水湖北路	4.5	3	2.2

8.1.4 小结

（1）从统计数据来看，截至 2018 年底，对比世界上其他大城市的快速路建设规模、路网密度、人均道路里程等指标，武汉市的快速路建设均处于较为领先的地位，快速路建设进度比较超前。

（2）武汉市主城区业已形成具有武汉特色的"环射成网"快速路体系，骨架道路布局对城市空间结构的支撑作用，在主城区空间形态上得到了充分体现。但三镇内部路网形态差异较大，快速路的建设进程也不尽相同。汉阳地区大部分为规划新建区，快速路建设进度先于城市开发，建成度最高；汉口地区城市发展历史悠久，快速路建设受早期城市开发限制，局部路段存在建设标准偏低的问题，垂江方向快速路间距略大；武昌地区快速路的建设受用地限制因素明显，但城市开发对快速通道的需求同样存在，区域南北向、东西向大通道缺乏的问题明显，是武汉市快速路网系统覆盖范围较为薄弱的区域。

（3）路网立交布局整体较为合理，但仍存在优化空间。由于城市用地外拓，早期按照公路标准建设的三环线仍存在立交间距整体偏大、不完全适应服务功能增长的问题，如三环线汉阳段对沿线用地违章开口进行了集中管理并整治，但各种违章开口长期禁而不绝，这说明道路运行机制与城市发展客观需求不匹配，仍需要根据用地发展持续开展功能优化。相反二环线则存在立交、进出口过密的问题，服务功能过于强大，导致长距离运输效率有所降低，下一步需要在交通组织、匝道分时段管控等方面强化相关措施。

8.2 快速路运行效果评估

8.2.1 快速路与交通运行效率

1. 快速路网运行车速及其变化趋势

城市道路平均行驶车速是道路交通效率最直接的体现。2019年武汉市全路网平均行驶车速为24.0km/h，而快速路平均行驶车速为37.2km/h，为全网平均车速的1.55倍，快速路网有效提升了城市交通效率，也带动了在2012~2019年全路网平均行驶车速处于稳步提升状态。但仅就快速路网的运行速度来看，2014年以来快速路平均运行车速总体呈现先升后降的趋势，说明全路网车流近年来向快速路集聚的趋势明显（图8-7）。

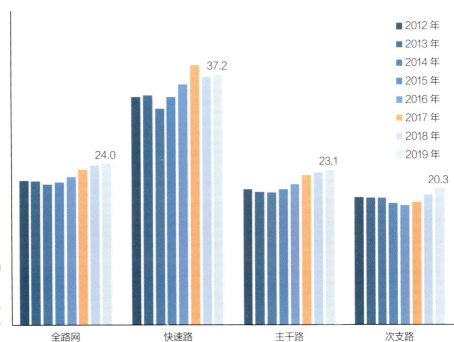

图8-7 主城区道路平均行驶车速

数据来源：武汉市交通发展战略研究院《武汉市交通发展年度报告》（2012~2019年）

2. 城市通勤交通出行时间与出行距离

根据《2020年度全国主要城市通勤监测报告——通勤时耗增刊》，中国36个主要城市2020年度的平均通勤时耗为36min，武汉市为38min，在14个特大及超大城市中处于中等水平。在高峰时段车速方面，对比其他13个城市，武汉市仅低于深圳、郑州、天津及成都4个城市，快速路网效率在全国重点城市中处于前列水平。但武汉市整体平均通勤时耗并无明显优势，其中一方面原因是武汉两江分隔导致的出行距离较长，另一方面也反映出武汉市公共交通的运行速度还存在提升空间，拉低了平均通勤效率（表8-5）。百度地图《2020年度中国城市交通报告》中关于通勤高峰公共交通与小汽车行程速度比的趋势也验证了上述推论，数据表明武汉市通勤高峰公共交通相较于小汽车的速度竞争力较低，19个城市中排名第12位（图8-8）。

全国部分城市单程平均通勤时耗 表8-5

城市规模	城市	平均通勤时耗 min	平均通勤距离 km	平均通勤速度（km/h）	通勤高峰车速（km/h）
超大城市	深圳	36	8.1	13.5	33.93
	广州	38	8.7	13.7	29.84
	上海	42	9.1	13.0	24.94
	北京	47	11.1	14.2	26.91
特大城市	西安	35	8.3	14.2	26.41
	沈阳	35	7.4	12.7	27.09
	郑州	35	8.3	14.2	34.04
	杭州	35	7.4	12.7	27.68
	武汉	38	8.2	12.9	30.12
	南京	39	8.5	13.1	27.11
	青岛	39	8.1	12.5	27.63
	天津	39	8.5	13.1	30.87
	成都	39	9.1	14.0	32.72
	重庆	40	9.1	13.7	24.06

数据来源：平均通勤距离、平均通勤时耗数据来源于住房和城乡建设部城市交通基础设施监测与治理实验室、中国城市规划设计研究院、百度地图慧眼联合发布的《2020年度全国主要城市通勤监测报告——通勤时耗增刊》，通勤高峰车速数据来源于百度地图《2020年度中国城市交通报告》。

影响武汉市快速路效率的重要因素之一是短距离出行中小汽车占比偏高。相关研究表明，城市中小汽车合理的出行距离应在10~20km，5km以下的小汽车出行比例不应高于15%。据调查，2019年，武汉市机动车平均出行距离约为9.3km，其中5km以内的出行占比达到25.2%，远远高于15%的合理比例。武汉市快速路系统短距离到发交通出行比例过高，已经

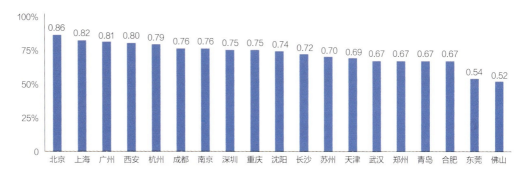

图 8-8　全国部分城市通勤高峰公共交通与小汽车行程速度比
图片来源：百度地图《2020年度中国城市交通报告》

成为导致快速路运行效率降低的重要原因，如二环线沿线区域，由于路网未按规划完全形成，两侧1km内无贯通的平行干道，导致区域性短距离交通借道二环线主线通行，短距离到发交通与长距离过境交通叠加，加剧了交通拥堵（图8-9）。这是一个应该引起城市规划工作者认真思考的重要信号，在快速路系统建设的同时，也要关注配套低等级路网的系统建设，确保城市路网各等级道路各司其职，才能兼顾效率与容量；同时，也要坚定发展公共交通，鼓励中短

图 8-9　二环线分段短途出行比例（编制时间：2020年9月）
图片来源：武汉市交通发展战略研究院《武汉市二环线交通拥堵分析及改善建议》

距离采取绿色交通出行。

3. 路网拥堵指数及其趋势分析

拥堵指数和拥堵分布，是反映路网运行问题的重要指标。从全国范围来看，根据2018年高德地图发布的《中国主要城市交通分析报告》，武汉市在特大城市中，路网高峰行程延时指数最低，城市拥堵程度相对较低。

对比武汉市近年来的拥堵指数（见图8-5武汉市主城区交通运行指数月度趋势图），路网高峰时期总体运行稳定。从车流和拥堵的分布情况来看，快速路因为车流的不断聚集成为拥堵高发路段。据统计，三条环线以主城区5%的路网长度参与了约55%的车流量疏解，主城区路口流量最大的前15个路口均位于环线上（图8-10），拥堵从点状往带状发展，并有成片蔓延的趋势（图8-11）。

从拥堵指数评估来看，武汉市道路交通运行可谓有喜有忧。值得肯定的是，快速路给城市

（a）2012年　　　　　　　（b）2015年　　　　　　　（c）2019年

图8-10　主城区交通流量分布

图片来源：武汉市交通发展战略研究院《武汉市交通发展年度报告（2013年、2016年、2020年）》

（a）2012年　　　　　　　（b）2015年　　　　　　　（c）2019年

图8-11　主城区高峰期拥堵路段分布

图片来源：武汉市交通发展战略研究院《武汉市交通发展年度报告（2013年、2016年、2020年）》

带来速度和效率的显著提高，而且这种提高是全局性的优化，有效应对了城市空间扩展带来的长距离出行需求。但值得关注的问题是，快速路因其效率优势，对路网整体车流的吸引力较大，导致交通压力向快速路过于集中。在快速路网大规模建设阶段，快速增加的道路通行能力供给可以阶段性掩盖上述问题；但在系统优化完善阶段，道路容量增加有限或者停止增长，机动车保有量规模却持续增长的背景下，平衡好有限的交通供给与交通需求，保障快速路的长距离交通运输效率，则是大城市存量发展阶段需要重点关注和解决的问题。

8.2.2 快速路与城市繁荣活力

人口聚集既是城市持续繁荣的重要动力，也是城市发展的表现。正如美国经济学家格莱泽在《城市的胜利》一书中提到的："当人们纷纷向生产效率更高的地方迁移时，整个国家就会变得更具有经济活力。"可以提供高效、高速出行服务的快速路，是形成人口聚集热点区域的重要支撑。随着武汉市三环内快速路的持续建设，城市道路承载力有了大幅提升，对城市高强度、高密度开发有了更加充分的支撑，在副城建设不成熟、人口向主城区持续聚集的背景下，为主城发展提供了有效支撑（图8-12）。

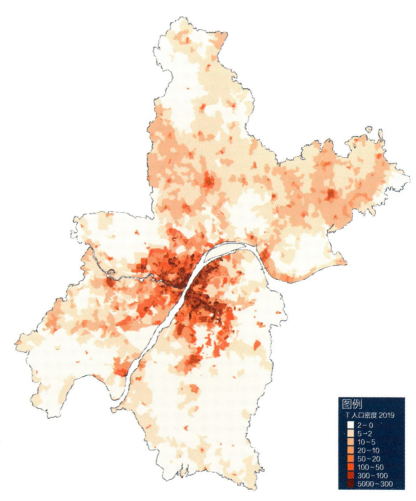

图8-12 2019年武汉市人口密度空间分布图（单位：人/km²）

图 8-13 武汉市 2018 年城市繁荣指数全球排位
图片来源：武汉市土地利用和城市空间规划研究中心《武汉城市繁荣指数（CPI）研究》

2018 年，武汉市土地利用和空间研究中心曾联合联合国人居署对武汉市的城市繁荣指数进行了评估，显示武汉市的整体繁荣程度为"较为稳固"，属于全球性城市中的第一梯队，不输纽约、伦敦、墨尔本等世界城市（图 8-13）。而在整体评估中，得分最高的两个方面即为居民生活品质指数和基础设施开发指数。

8.2.3 快速路与城市能源环境

快速路给城市带来高效、便捷和活力，与之相关的小汽车交通所需要的高能耗、高碳排却也是我们必须关注的一个问题。根据《武汉城市繁荣指数（CPI）研究》，2018 年武汉市日均 $PM_{2.5}$ 指数约为 53μg/m³，高于世界卫生组织（10μg/m³）的标准，距离人居署建议标准（20μg/m³）也存在较大差距。

根据世界资源研究所的《武汉市交通碳排放达峰路径研究》，2017 年，武汉市交通领域 CO_2 排放量约为 1600 万吨，比上一年增长了 10%（图 8-14）。但从"十一五"到"十三五"，碳排放增量的增长率逐步下降，"十一五"期间武汉市交通碳排放年均增长约 12.2%，"十二五"期间年均增长约 11.3%，"十三五"截至 2017 年，年均增长 10.2%。

从 2005～2017 年，武汉市交通领域的年 CO_2 排放量增长了约 1100 万吨。而其中，私人小汽车贡献了最多的排放增量，其次是公路、民航、铁路、水运等（图 8-15）。以 2017 年为例，在武汉市各种交通类型中，碳排放排在前列的分别是市内出行的私人小汽车 700 万吨（占 44%）、铁路 243 万吨（占 15%）、公路 234 万吨（占 15%）、民航 192 万吨（占 12%）（图 8-16）。

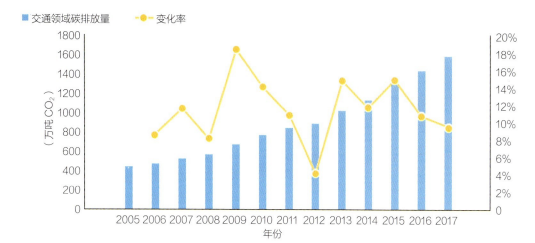

图 8-14 2005~2017 年武汉市交通领域碳排放及变化率

图片来源：世界资源研究所《武汉市交通碳排放达峰路径研究》

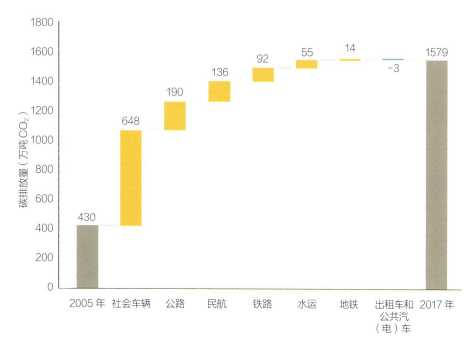

图 8-15 2005~2017 年武汉交通碳排放增长贡献

图片来源：世界资源研究所《武汉市交通碳排放达峰路径研究》

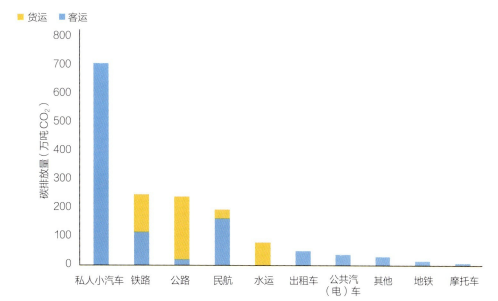

图 8-16 2017 年武汉市分交通类型碳排放

图片来源：世界资源研究所《武汉市交通碳排放达峰路径研究》

根据发达国家的经验，工业、建筑和交通通常是碳排放的3个主要来源。美国一些城市如芝加哥、洛杉矶交通碳排放量占比已经超过50%，而伦敦、东京等城市则占比20%～30%。虽然，目前武汉市交通碳排放量仅占总体碳排放量的10%左右，但未来随着产业结构转型，小汽车保有量的持续增长，交通碳排放量的占比还会继续上升，城市内部交通出行是实现城市能源结构调整、及早达到碳排峰值的一个重要环节。在相同机动车出行背景下，提高车辆出行效率对节能减排具有积极作用，优化快速路及疏解道路的交通组织、运营管理以提升车速、减少拥堵，都是降低交通碳排放量的有效手段。

除了大力发展新能源汽车、发展公共交通外，道路基础设施的建设也不容忽视。这也提醒规划工作者在关注快速路建设的同时，也要进一步完善次支路、非机动车道、人行道的建设，为绿色的慢行出行尽可能地提供优质环境，促进"慢行回归"。

8.2.4　小结

（1）快速路系统的建设显著提升了城市速度和效率，在机动车迅猛增加、次支路建设滞后的背景下，仍能保障全路网行程车速稳中有升、高峰时期总体运行稳定，给城市交通带来全局性的优化和改善。

（2）从行驶速度或者拥堵分布来看，武汉市快速路系统存在车流过分集中的不利现象，说明整体路网结构不尽合理，下一阶段需要加强次支路等集散道路建设。

（3）主城区快速路建设与城市的聚集式发展相适应，进一步加强了城市中心区的吸引力，促进了城市繁荣与活力。

（4）武汉市空气质量仍有待提高，节能减排的压力较大。交通流的连续、快速对机动车出行的节能减排具有积极作用，下一阶段可通过优化快速路及疏解道路的交通组织、运营管理，以提升车速、减少拥堵、降低碳排放量。

8.3　快速路系统构建复盘与思考

快速路系统规划是全局而超前的，而建设则是分步、分期实现的，总体来说，城市快速路系统的建设运行基本实现了规划意图，但由于十余年间存在着快速路工程之间、快速路与配套道路工程之间的衔接空档，发生了一些阶段性拥堵现象，出行分布上也新增了部分未能预料的热点片区，暴露出一些早期建设的节点标准偏低等问题。

在武汉市主城区快速路网从系统构建转向系统完善的新阶段下，有必要对快速路系统建设进行复盘思考，明确城市道路交通优化方向。本章将从快速路分期实施对区域交通的影响、快速路与配套集散道路的建设统筹、建设标准与用地条件的协调互动3个方面展开讨论。

8.3.1 快速路分期实施存在的交通影响

分期实施和分段投入运营的建设模式带来的局部拥堵问题，是武汉市快速路建设运行过程中最为突出的阶段性矛盾。当快速路系统的各类设施，包括主线、立交、匝道等未能全部同步建成，原本需要相互配合的设施缺失，致使局部地区快速路的服务功能大幅削弱，反而增加相邻节点或道路的交通压力，影响了快速路及区域路网的整体运行效率。

1. 典型案例——雄楚大街上下匝道拥堵

雄楚大街是东湖高新区重要的东西向快速路，向西可实现与武昌、汉阳地区的交通联系，向东贯穿东湖高新区直达鄂州。受施工周期影响，雄楚大街高架一期工程（楚平路—关山大道）于 2015 年底建成通车，雄楚大街二期工程（关山大道—三环线）于 2017 年底通车（图 8-17）。正是在这个断档期位于一、二期分界点的关山大道匝道处成了该地区交通拥堵的高发路段，拥堵频率高、时间长、疏解难，一时间"越修路越拥堵"的社会舆论压力极大。究其原因，主要有以下 3 点：一是雄楚大街高架一期工程主线通车时，沿线上下匝道规划实施率尚不足一半，10 条匝道仅 4 条建成，导致快速路出入口间距较大，车流过分集中于关山大道匝道等少量匝道；二是联系武昌、东湖高新区的南北向通道——东湖隧道已于 2015 年底通

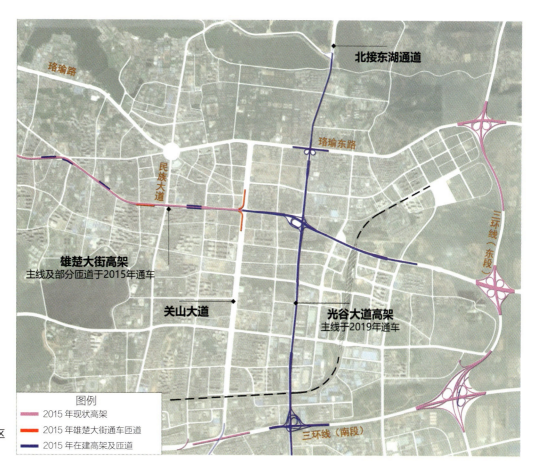

图 8-17　2015 年关山地区高架道路建设情况

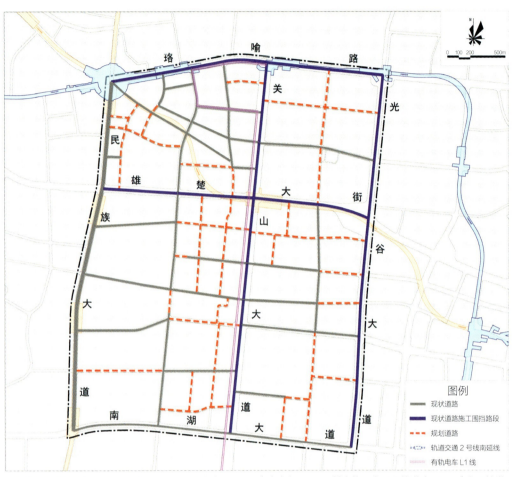

关山地区规划路网长度 47.8 公里，2015 年已建成 32.7km（建成率 68%），其中施工占用现状道路 11km（占现状道路 33%）。

图 8-18　2015 年关山大道周边路网建成情况

车，其南段衔接道路光谷大道却尚未实现快速化，本应由光谷大道承担的快速过境车流转移至与之平行的关山大道，再叠加关山大道原有的交通压力，导致关山大道交通流量达到超饱和状态；三是区域改造项目扎堆，施工时间重合，除了雄楚大街、光谷大道等快速路建设外，关山大道周边地区还有光谷环岛枢纽综合改造、轨道交通 2 号线南延线、有轨电车 L1 线等工程对关山大道本身以及其他道路的通行影响巨大，导致区域交通疏解能力严重不足，该路段拥堵发生时车流无法通过其他通道疏散（图 8-18）。

2. 总体评估

类似于雄楚大街—关山大道这样的情况，在武汉市快速路的建设过程中还有多个案例，如白沙洲大道高架上下桥匝道建设滞后，武嘉高速早于主城衔接段建设而无法快速进城等情况。根据统计，三环线共规划有 25 座立交，主线升级改造工程已于 2016 年完成，然而截至 2017 年，仍有 9 座立交未按规划实施，占比 36%，其中 7 座立交处于在建或改造状态，另有如姑嫂树立交和平安铺立交等个别转向匝道缺失。二环线共规划有 13 座立交，2015 年二环线主线贯通，截至 2017 年，仍有 4 座立交未按规划实施，占比 30%。

3. 原因剖析

上述问题的出现反映出快速路实施阶段工程时序安排的重要性。自"十二五"以来,武汉市步入了快速路和轨道交通大规模建设时期,这期间很容易出现局部区域扎堆施工的情况,在施工影响下道路通行能力大打折扣,整个片区的道路供给水平随之降低,供给失衡出现拥堵。此外,城市快速路建设标准高、波及范围广,受用地、拆迁、交通组织等多种因素的影响,其建设和协调过程要比公路项目复杂很多,如雄楚大街的其中一个节点——尤李立交,由于工程拆迁协调难度大,原本预计工期15个月,实际工期长达24个月。同样,与主线工程相比,匝道、立交等出入口工程往往涉及更多协调工作,需要与周边建筑、地面机动车道、人行道、非机动车道协调。此外,还有个别项目以主线通车来满足"通车时限"要求,但因拆迁等因素导致匝道、相邻道路等配套工程进度滞后甚至搁置,也是造成系统脱节的主要原因。

凡是建设工程必然存在阶段性,为了降低这期间的负面影响,不仅需要在制定建设计划时立足系统分析,合理建设区域和安排时序,还应对建设过程进行实时跟踪,加大协调力度,动态协调主辅工程,保障城市交通平稳度过施工阵痛期和衔接空档期。

8.3.2 快速路与配套集散道路关系

快速路网需要与主干路、次支路等其他等级道路互相配合,形成功能完善、级配合理、衔接得当的道路系统,才能保证出行全过程高效。相反,在配套道路疏解能力不足时,快速路往往因过多承担到发功能而导致路网优势无法发挥。

1. 典型案例——二环线拥堵

二环线全长48km,是串联武汉市主城区各功能组团的快速交通输配环,也是中央活动区交通保护环,历经近10年的建设于2015年实现全线贯通。2019年二环线各路段高峰小时流量达8000~10000辆,全市交通流量排名前15位的路口中有2/3分布在二环线沿线,多处路段和节点处于饱和运行状态。

二环线交通拥堵最为严重的路段是汉口段,该段二环线北临京广铁路,受东西向贯穿城区的铁路阻隔影响,区域微循环路网建设滞后、到发交通不畅,短距离交通向二环线过度聚集,二环线多处匝道长期拥堵,给快速路主线及地面道路系统的交通运行都带来不利影响(图8-19)。

2. 总体评估

截至2020年,武汉市主城区现状路网密度5.06km/km^2,低于《城市综合交通体系规划标准》GB/T 51328—2018提出的"中心城区内道路系统的密度不宜小于8km/km^2"的要求,而干线道路网密度已经达到1.53km/km^2、符合国家规范要求。这说明建设短板主要在次干路和支路,据统计,次支路规划实施率仅为67%,反过来又导致高等级道路混杂了过多的到发交通。由此说明,快速路系统建设计划制定需要充分考虑路网系统发展,做好配套集散道路的建设。

（a）二环线与沿线平行干道间距较大　　　　（b）二环线沿线部分区域集散道路结构性差

图8-19　二环线沿线部分区域地面道路体系不完善（编制时间：2020年9月）

图片来源：武汉市交通发展战略研究院《武汉市二环线交通拥堵分析及改善建议》

8.3.3　快速路近期用地影响与远期功能的协调

快速路建设经常面临近期用地紧张与远期功能需求的矛盾，如快速路主线车道规模、立交节点的形式、出入口的布置等，在数十年的建设周期中，往往因为近期用地矛盾导致建设标准不能完全达到系统要求，从而产生交通瓶颈。

1. 典型案例

（1）水果湖隧道——迁就用地造成的主线标准偏低

2011年建成的水果湖隧道是二环线武昌段的重要组成部分，南连珞狮路高架、北接东湖路，将东湖南北两侧的快速路连通，形成了纵贯武昌地区的南北向大通道，弥补了武昌地区南北向通道贯通不足的缺陷（武昌地区顺江道路大部分未能南北贯通，如和平大道截止于中山路，中南路截止于武珞路，原东湖路截止于东湖南路）。该隧道自建成以来，使用率非常高，高峰小时流量由2011年的4000辆增至2019年的6900辆，超过了原设计通行能力，造成高峰时段行车缓慢（图8-20）。

水果湖隧道拥堵的原因主要有两点：一是隧道主线为双向4车道，且地面辅道受两侧用地限制迟迟未能贯通，而隧道南北两端接线的东湖路和珞狮南路均有双向8车道以上（含辅道）的规模，水果湖隧道节点通行能力骤减而成为瓶颈；二是区域受水体、单位大院用地等限制，南北向通道资源稀缺。分析表明，若利用周边路网绕行，原本2km左右的路程需再延长1.1km、途经7处红绿灯，且绕行道路均为双向2~4车道的次支路，行车速度低，驾驶人绕行意愿较低（图8-21）。

根据早期二环线规划设计资料（2004~2005年编制），该路段初始方案为主辅分离形式，主线及辅道各4车道，后因迁就用地协调，地面辅道未能建成。近年来，武汉市城市社会经济的高速发展带来整体交通需求的快速增长，武昌地区整体路网的缺陷导致交通流量不均衡加剧，同时，局部地区功能单一（如南湖地区以居住为主）导致长距离通勤需求过多。多重需求的叠加使得该路段建设标准偏低的问题日益突出，影响了二环线整体运行效率的发挥，但周边

图 8-20 水果湖隧道进出口运行情况

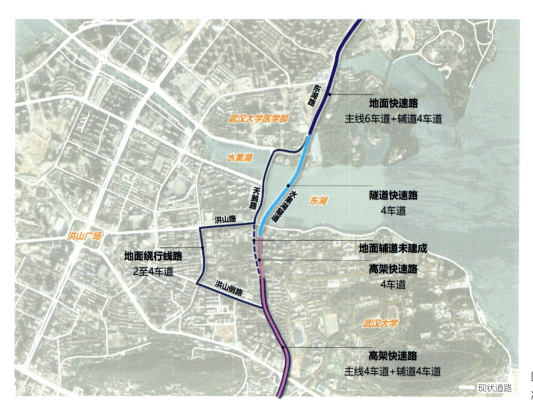

图 8-21 水果湖隧道建设情况（编制时间：2022 年 12 月）

用地的持续发展导致节点改造的难度越来越大，只能通过代价更大的系统优化来缓解该路段拥堵。该节点成为武汉市后续快速路系统规划建设的重要借鉴，在快速路主线等关键性节点应将系统功能作为首要考虑因素，充分预留远期发展弹性空间。

（2）墨水湖立交——立交功能配对的理想与现实

墨水湖立交位于二环线墨水湖北路段与汉江大道交会处，是汉阳墨水湖地区、汉口核心区与武昌南部地区之间重要的交通转换枢纽。基于区域的系统分析，汉阳地区"三横三纵"的快速路间距均衡，按照"快快互通"的原则，共设置 9 处主要转换节点，其中 7 处已明确为全互通立交（图 8-22）。为避让轨道交通线路及东南角墨水湖居住小区，墨水湖立交与龙阳立交按照部分互通但功能配对的思路进行规划设计，其中墨水湖立交主要满足墨水湖北路与北部汉口中心区方向的转向要求，与南部沌口经济开发区方向的转向交通则通过龙阳立交经汉新大道、国博大道等快速通道疏解，线路便捷，又可避免江城大道（墨水湖大桥段）压力过于集中。

但实际运行效果并未完全实现前期的系统设想。2014 年，随着墨水湖北路（二环线）快速化改造完成，墨水湖北路、江城大道沿线的交通服务水平得到了极大提升。在高架道路的分流下，地面路口的交通量大幅下降，服务水平由 C 级提升至 A 级。但随着沌口经济开发区的快速发展，江城大道快速化改造后交通需求持续增长，墨水湖立交向南的转向交通需求日益突出，难以在系统上通过龙阳立交彻底分流，立交转向功能不完全的矛盾日益凸显。

为更好地发挥快速路体系的交通作用，加强武汉市各功能区之间的联系，2016 年，武汉市人民政府组织对墨水湖立交的优化方案进行研究，以周边用地改造为契机，最终确定增加

图 8-22 汉阳区域快速路系统图（编制时间：2012 年 12 月）

图 8-23 墨水湖立交规划改造方案（编制时间：2016 年 8 月）

3 条匝道以完善南部地区与东西向墨水湖北路的转向联系（图 8-23），2019 年初已建成东向南的左转匝道、西向南的右转匝道。虽然墨水湖立交的功能已通过改造工程得以完善，但建成 2 年即进行改造的问题值得反思。当建设条件受限，无法实现"快快互通"的全互通立交形式时，应该对城市发展方向提前预判，尽可能在有限的建设空间下实现相对完善的功能，预留好后期工程建设条件。

（3）二环线部分匝道——服务便捷与主线快速的矛盾

匝道是快速路的进出口，匝道越多意味着快速路的服务功能越强，但匝道过多会导致主线交通受干扰过多而影响效率，因而匝道间距非常关键。根据武汉市快速路的实际运行情况，匝道间距主要存在两个方面的问题：一是下桥匝道落地点距离交叉口过近时，匝道车流与地面车流交织严重，如二环线三眼桥路下桥匝道，该匝道落地点距交叉口仅140m，下桥车流快速冲击地面路口导致拥堵；二是出入口之间距离过近，交织段过短会造成多方向车流在短距离内汇集、分流，产生拥堵，如珞狮北路为实现与八一路、珞喻路两条干道的交通转换，珞狮北路高架在约1.2km的范围内设置了3对匝道，出入口间距最小处不足120m，高峰期上下桥车流严重交织，导致上桥匝道的车流难以驶入高架（图8-24）。

上述匝道的设置原本意图是，充分考虑八一路、珞喻路沿线高校、单位、商圈众多，出行需求大，交通吸引点多的特点，因而对匝道间距适当进行了压缩，但建成后与便捷度一起随之而来的拥堵问题也十分明显。由此带来的借鉴是，在考虑快速路系统的效率与服务平衡时，首先要突出的是长距离过境交通疏解效率，不可过多地增加匝道，服务功能更应该通过少量匝道+地面路网来解决。

2. 总体评估

针对上述3个问题，笔者对武汉市的二环线、三环线以及13条放射线的立交形式和匝道间距进行了梳理。

（1）三环线立交形式

三环线基本为全封闭运行的快速路，全线通过立交与其他道路衔接。25座立交中全互通立交20座，部分互通立交4座，主线分离式立交1座。其中，三环线与其他快速路相交的立交节点全部为全互通立交，与古田二路、塔子湖东路等主干路相交的立交为部分互通立交，符合设置要求。

（2）二环线立交形式

二环线立交节点主要承担外围放射线与二环线交通转换的功能，截流外围快速车流，保护中心区不受快速交通干扰。二环线与放射线形成的13座立交中，规划为部分互通立交的有6座，存在转向匝道不全的情况，目前需求与功能矛盾最为突出的是梅家山立交和墨水湖立交。这些立交受周边用地空间的限制在功能上进行了妥协，给系统运行造成了长期拥堵的困扰。

（3）放射线立交形式

放射线是主城区和新城区衔接的纽带，除与环线相交的立交以外，还有11处立交节点，主要是放射线与主干路、重要次干路相交的转换节点，以部分互通立交和简易立交形式为主，转向匝道设置可以基本满足要求。

（4）出入口间距

根据公安部道路交通安全研究中心、北京世纪高通科技有限公司、中国城市规划设计研究

图 8-24 樱花大厦上桥匝道与省妇幼下桥匝道车辆交织严重

院 2020 年联合发布的《中国重点城市道路网结构画像报告》，武汉市快速路出入口间距达标率约为 56.2%（图 8-25），处于全国 36 个重点城市中间水平，4 类出入口中达标率最低的出入口形式为"入口—出口"形式，仅 24% 的间距符合规范要求（表 8-6）。

图 8-25　全国主要城市快速路出入口间距达标比
图片来源：公安部道路交通安全研究中心、北京世纪高通科技有限公司、中国城市规划设计研究院《中国重点城市道路网结构画像报告》

快速路出入口最小间距要求及武汉市快速路出入口间距达标比　　表 8-6

规范《城市快速路设计规程》CJJ 129—2009 要求	主线设计车速（km/h）	出入口形式 / 最小间距（m）			
		出口—出口	出口—入口	入口—入口	入口—出口
	100	760	260	760	1270
	80	610	210	610	1020
	60	460	160	460	760
武汉市快速路出入口间距达标比		39.3%	75%	42.9%	24%

注：表中 L 表示快速路相邻出入口的间距。
数据来源：武汉市快速路出入口间距达标比数据来自《中国重点城市道路网结构画像报告》。

3. 原因分析

其主要原因是道路规划建设与城市用地开发时序结合不紧密，且道路建设相对滞后。武汉市快速路建设始于 2000 年左右的三环线建设，然而在此之前，城市用地的开发和拓展已在大规模进行中，导致许多系统性快速路需要穿越已建成地区，受到拆迁、环境等诸多因素制约，不仅影响快速路的建设进程，也在很大程度上限制了快速路建设标准。例如，二环线近半数立交受用地制约，未能形成全互通立交，特别是缺少射线出城方向的高标准转换匝道。反观汉阳的四新地区，用地的规划、建设均与道路系统同步进行，对快速路通道、节点都预留了合适的空间，形成了均衡布局的快速路体系，为该区域的"缓堵保畅"夯实了基础，成为全市平均拥堵指数最低的地区之一（图 8-26）。

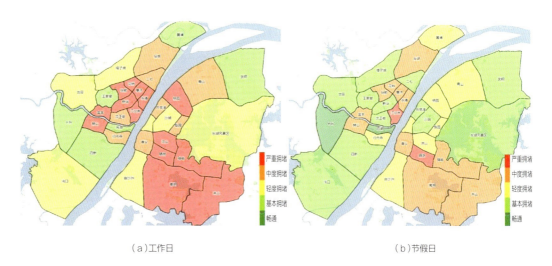

图 8-26　2018 年武汉市工作日、节假日交通运行指数图
图片来源：武汉市交通发展战略研究院《2019 武汉市交通发展年度报告》

8.3.4 小结

（1）快速路在确定分期建设时序时，应尽可能实现分批建成的快速路系统功能闭环，避免产生通行能力突变的节点。如确实无法实现上述要求，应依据快速路系统突变节点的疏解能力制定交通管理措施，避免产生阶段性拥堵。

（2）高度重视快速路系统配套疏解次支路网的建设。重点工程的配套疏解道路建设计划完成度应与主体工程绑定，成片区推进路网建设，通过合理的路网结构支撑道路交通分等级疏解，确保快速路效率优势正常发挥。

（3）现状道路改造升级的快速路，其建设标准受周边用地、拆迁、环境等影响较大，应尽可能从长远需求出发，作好功能预留和建设用地控制，避免短期建设行为影响远期发展需求。

参考文献 Reference

[1] 武汉市规划研究院. 武汉市 2021 年城建基础设施年度实施规划 [Z]. 2020.

[2] 武汉市规划研究院. 东湖国家自主创新示范区总体规划（2011—2020 年）[Z]. 2010.

[3] 武汉市规划研究院. 东湖新技术开发区分区规划 [Z]. 2017.

[4] 武汉市规划研究院. 墨水湖立交优化方案研究 [Z]. 2016.

09 武汉市快速路的实施经验

城市交通是一个复杂开放的巨系统，不仅要协同道路、轨道交通、铁路、水运等各交通子系统之间的关系，还要统筹城市经济、社会、环境、资源等因素。为兼顾提升交通效率、改善生态环境、促进社会公平等多重目标，武汉市快速路系统规划始终秉持统筹协调、集约共享的发展理念，尊重城市山水格局特点与风貌，兼顾规范标准与实际建设条件，全方位推进规划协调和建设实施。本章从规划理念、系统布局、技术标准、实施保障这4个层面，结合具体工程案例，阐述武汉市快速路系统规划中的成功经验。

9.1 规划理念层面——协调发展、集约共享

9.1.1 城市内外交通体系的一体化

为支撑武汉大都市区的发展，武汉历来重视城市内部快速交通与对外交通的一体化衔接，其中关键点在快速路与高速公路系统的一体化衔接、快速路系统与对外交通枢纽的联系。

高速公路与快速路在功能定位、服务对象、建设标准、管理模式等方面存在较大差异，若以高速公路为主的对外射线与城市内部快速路的通行能力不匹配，极易造成城市进出口交通拥堵，降低城市辐射能力。武汉市历来重视高速公路与快速路的衔接组织，放射线由外向内通过各条环线逐层截留，合理控制接入主城区内层环线的放射线数量与间距，在避免过境交通穿城影响的同时，兼顾了放射线对核心区的服务功能（图9-1）。

综合交通枢纽是城市内外交通转换衔接的重要节点，多年来武汉市结合枢纽提档升级不断强化快速路系统的连通支撑，保障客货流高效转换。按照新一轮国土空间规划提出的将武汉市打造为国际性综合交通枢纽的要求，规划构筑高度一体化的枢纽设施和服务体系，全面提升武汉空港、水港、陆港的对外辐射能力。例如，在天河空港方面，为适应沿江高铁线路引入机场、空铁联运枢纽能级提升，规划在既有机场高速、机场二通道的基础上，谋划打通机场三通道、机场北通道（福银高速）等新的空铁枢纽集散道路（图9-2）；结合汉阳站建设，按照功能复合、站城融合的原则，新建高铁站采取"腰部进站"的进

图 9-1 武汉大都市区高快速路布局图（编制时间：2022年3月）

图 9-2 天河枢纽周边快速路网规划布局图（编制时间：2022年3月）

图 9-3 汉阳站周边高快速路网规划布局图（编制时间：2021 年 9 月）

出组织，在枢纽外围布局"双环"高架快速路体系，实现枢纽机动车"快进快出"，与城市客流"动线分离"（图 9-3）；在阳逻港区方面，打造沿江货运专用通道——平江路，服务各大作业区，同时与周边进出城高速路网有效衔接，构建高效便捷的公路集疏运网络。

9.1.2　快速路网与轨道线网的"双快"协调

适度分离的"双快"交通网络——大城市多采用快速路与轨道交通并举的快速交通发展模式，两者均属于城市重大基础设施，都需要构建专用路权以实现快速交通，因而二者对道路用地资源均有独占要求。武汉市快速路系统布局方案研究中，就高效利用有限的道路资源、保障两大快速交通网络落地实施进行了重点研究。快速路以服务中长距离机动车出行为主，以保障机动车行驶连续、稳定、快速为首要目的，沿线不宜设置吸引大量车流、人流的公共建筑出入口，仅快速路无法直接实现到发功能，车流集散通过周边低等级道路完成。此外，考虑快速路在噪声、粉尘、尾气等方面的环境影响，快速路一般布局于用地功能组团边缘较为适宜；而轨道交通直接面向乘客，具有公共、聚集的出行特征，兼有高效、高运量双重优势，因此轨道交通站点应尽可能贴近服务对象，采取直接地下穿越用地、结合主次干路等方式灵活布置线路和站点，线路宜穿越用地组团中间，鼓励沿线土地高强度、多功能集约开发，从而最大化轨道交通站点周边步行可达范围覆盖的人口数量。根据新一轮国土空间总体规划，按照互相独立、交错布局的规划原则系统考虑快速路及轨道交通系统布局，尽可能减少长距离共线，以减少冲突、降低协调难度，为快速交通体系的建设实施奠定良好的基础。

9.1.3 全面协调城市经济和社会环境

快速路系统在提升运输效率的同时，给城市发展也带来了一些负面影响，如对城市空间的分割、对城市风貌的影响、对其他交通方式的阻隔等，因此快速路规划建设必须因地制宜。一是在通道选择上对接城市空间发展需求，避免穿越城市活力区、文化风貌区等核心、特色区域。二是在建设方式上，要从城市整体利益出发，优先选择对地区环境影响较小的方式，充分利用声屏障、低噪声路面等工程技术降低环境影响，如武汉市二环线汉阳段墨水湖北路沿线居住区规模较大，在龙阳段、滨江段、动物园段共建设3段总长度达3km的声屏障。三是重视快速路周边配套道路的同步建设，尤其是保障过街交通体系的完善，如三环线改造工程便配套建设了张公堤绿道系统、立体人行过街系统，打造以人为本、绿色的综合交通体系（图9-4）。

图9-4 三环线改造工程配套设施

（a）三环线两侧平行道路与人行天桥建设

(b）平行于三环线的张公堤绿道（园博园景观平台处）

图 9-4 三环线改造工程配套设施（续）

9.2 系统布局层面——融合城市山水格局的布局创新

　　武汉多山多湖，既受益于自然发育，也受到人为活动影响。据史料记载，武汉所处的江汉平原在先秦时期还是一片江、湖不分的低洼泽国，称为"云梦泽"，大片的湖泊、沼泽连绵不断，其范围东至大别山麓和幕阜山麓一带，西部在今宜昌、宜都一线以东，北至随州、钟祥、京山一带，南面以大江为缘，方圆近六百里。随着长江、汉江泥沙的不断淤积，自春秋战国以来，区域居民不断垦殖开发，并修建堤防保护淤积而成的洲滩，随着围垦规模越来越大、历史上河道多次变迁以及大规模的填湖筑堤，至明朝嘉靖年间，区域内形成了单一的荆江河槽和广阔的江汉平原，"云梦泽"最终消亡，在江汉平原留下了大大小小相互分离的湖泊。

　　历史上丰富的水资源遗惠至今，现在的武汉市仍然是一座典型的丰水城市，境内江河纵横、湖泊密布，不仅坐拥长江、汉江两大河流，还有 166 个湖泊、165 条支流、272 座水库等（图 9-5），水域面积约占全市国土总面积的 1/4，水面率和水体数量均居全国各大城市首位。武汉市快速路的规划建设过程，一直离不开与江河湖泊打交道，力求协调好道路建设与生态资源关系，达成城市功能与生态景观和谐共赢的局面。

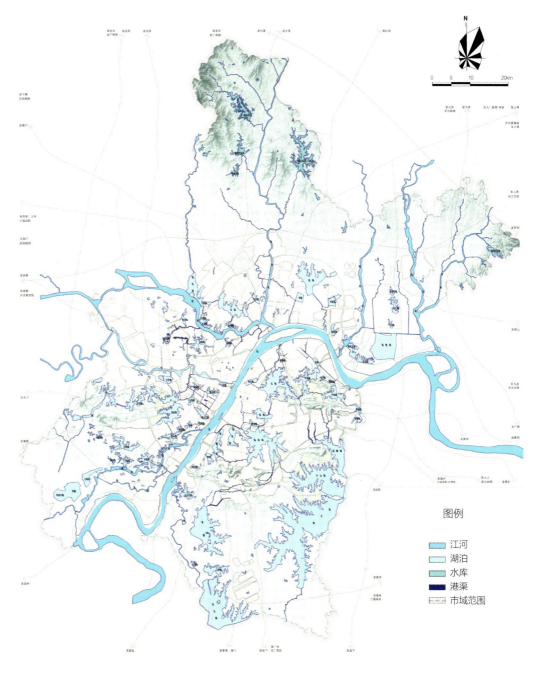

图 9-5 武汉市水域分布图
（编制时间：2022年6月）

9.2.1 系统规划避让生态资源

在系统布局上，在早期道路建设技术受限的背景下，快速通道优先考虑设置于湖泊等生态敏感区域外围，并在快速路与水体边界之间设置生态防护绿地作为过渡空间，一来可以适度隔离水体与建设用地，保留湖泊景观的视线通廊；二来可以保障生态资源的公共性和开放性，尽量避免湖泊私有化临湖不见湖等现象。此外，生态防护绿地还可以起到蓄滞净化雨水径流作用、补充城市亲水公共空间、助力山水园林城市打造等作用。

图 9-6 东湖风景区与城市快速路的关系

对于因大面积湖泊造成的严重交通阻隔，武汉市仍以谨慎的态度规划跨（穿）湖通道，如东湖湖泊面积高达 30 余 km²，早期建设的城市环线均沿东湖边界绕行设置。为支撑国家级创新示范区东湖高新区与主城的联系，结合东湖绿道系统建设，布局了一条东湖通道，以全线隧道形式穿越东湖风景区（图9-6），最小化对景观和水环境的影响，并利用隧道建设改造湖心岛，补充了区域消防、休闲服务设施短板，实现了交通与品质双提升。

东湖通道的建设形式也充分考虑了生态景观要求，尽管东湖通道南北两端接线均为高架（北接欢乐大道高架，南接光谷大道高架），但穿湖段经过全桥梁、全隧道、桥—隧、隧—隧等多种方式详细论证，最终采用了对景观影响最小的隧道方式，这部分内容在第10章将详细阐述。

9.2.2 以低影响方式开展路网系统优化提升

当前武汉市机动化交通需求仍呈现快速增长趋势，但城市建设已由规模扩张时代转向存量提升时代。道路交通发展面临两难的局面，一方面城市建成区既有路网交通压力日益增大，另一方面用地制约难以新建高等级道路基础设施，如何挖掘既有路网潜力实现扩容增效，成为超大城市交通可持续发展面临的关键问题之一。在大力发展轨道交通的基础上，武汉市道路基础设施重点也从规模扩展转向效率提升，从全面建设转向有重点的局部完善，弥补系统短板，支撑重点功能区的城市改造与功能提升。这一阶段的道路网络优化充分利用盾构隧道等对用地和环境影响小的建设方式，按照专用、高效、集约、低碳方向布局道路系统规划。结合城市地下空间开发总体规划，谋划形成战略性地下道路系统，利用公园绿地、水体空间、城市建设缝隙地等形成"两纵两横"地下道路网（图4-22）；同时，在主城区重要节点预留穿湖、穿江隧道的建设条件，在城市景观要求较高的区域布局区域隧道以实现过境交通的地下化（图9-7、图9-8）。

图9-7 汉正街隧道总体规划方案（编制时间：2021年9月）

图 9-8 汉正街隧道效果图

9.3 技术标准层面——兼顾规范标准与实际条件的灵活规划

武汉路网布局受江河湖泊、山体铁路等诸多因素制约，部分区域贯通性通道资源紧张，路网结构存在区域性先天不足，如道路间距过大、贯通性不强等问题。相比于其他等级道路，快速路建设标准高、空间尺度大、投资成本高、施工周期长，快速路网络无法高密度覆盖，建设也不可能一蹴而就。在通道资源有限的背景下，为了积极应对机动化水平的迅猛增长，武汉市充分挖掘既有路网潜力，通过新增快捷路、打通环线分流通道、因地制宜确定建设标准等措施，丰富了快速交通的内涵和组成，提升了城市路网的总体效能。

9.3.1 新增"快捷路"等级，拓展城市快速路分级体系

北京二环线等城市环线，其建设并未达到快速路全部控制出入的标准，但大部分路段可以实现连续行车功能，平均车速远高于一般主干路，在分流交通压力、缓解交通拥堵方面起到了重要作用，还可作为快速公交的承载通道，对沿线用地的适应性和集散服务能力也更强，可以说是部分兼顾了快速路的效率与主干路的服务功能。受此启发，结合武汉市地理空间特点，按照基本实现连续交通流的标准，以降低行车延误、提升路网容量和服务能力为目标，利用主干路提升形成"快捷路"这一新等级道路，适用于以下情况：一是设置于快速路间距较大的地区，扩大快速交通覆盖范围；二是作为衔接环线间的过江通道，改善城市跨江交通联系；三是设置于城市重点功能区，兼顾提升区域交通功能与城市开发品质的要求；四是作为快速路系统与对

外出口公路之间的衔接路段，提升进出城交通效率。快捷路以主线基本实现连续交通为其最大的效率优势，与其他道路的衔接转换需要依据道路等级、交通需求实施分层次、差异化处理。对快速路、主干路等重要相交节点，通过细化节点流向、流量分析，设置部分互通、分离式立交等，用地条件充足时可设置全互通立交；次/支路路口不设信号灯，左转交通一般通过路中绿化带缺口实现掉头或路网绕行，同时做好无障碍立体过街设施配套建设。

9.3.2 路网资源整合，分流环线压力

城市环线因其建设标准高、连续性强，也是交通压力最为集中的道路。按照分等级、分层次的路网系统规划，各城市环线间一般分布有平行主干路，但这些干路往往存在标准不统一、衔接有断点、转换不顺畅的问题。为了分流城市环线交通压力，北京、成都、上海等城市均开展了既有环线间道路提升规划，谋划打通环线平行分流通道。

目前，武汉市主城区快速环线、射线大规模建设时期接近尾声，阶段性地支撑了城市扩张期的发展要求。2021年，武汉市政府工作报告提出了构建"主城做优、四副做强、城乡一体、融合发展"空间发展格局的战略要求，标志着武汉从主城内聚发展进入区域一体化加速发展时期。"主城做优"要求主城持续提升服务能级，高端要素和优质产业向重点功能区聚集，主城交通需求将持续增长。而"四副做强"围绕特色核心产业提升综合实力，主城与副城之间、副城与副城之间交通联系日益紧密，射线方向的进出城交通压力也将持续增长。

根据武汉市新一轮国土空间规划，城市建设重点由二环内中央活动区向二环外转移，在二环至三环之间的环形区域内布局了汉江湾、杨春湖等六大城市副中心，人口、岗位规模将进一步增加。由于武汉主城区环线存在间距偏大的先天不足，二环线与三环线间大部分路段间距在5km以上，环线间存在快速交通服务空白区域，现状交通运行中已经存在向二环线和三环线过度聚集的问题。同时，由于主城区骨架路网格局基本稳定、用地已经普遍开发，继续兴建高标准快速路面临着社会舆论、环境影响等方面的巨大压力。在这种背景下，支撑主城区六大城市副中心的建设面临着交通支撑不足的巨大挑战。

为解决环线间距偏大的问题，武汉市开展了利用环线间分段平行道路连通改造，以形成环线分流通道的相关研究，谋划以既有路网为基础，通过打通未建段、提升瓶颈段、优化建成段，使二环线与三环线之间既有的分段主干路顺畅贯通，增强环线连续交通疏解能力，内涵式提升路网容量，带动主城六大副中心快速发展，实现城市格局拓展与中心区品质飞跃"双提升"（图9-9）。环线分流通道的出发点，是对现状道路资源的优化和完善，在建设标准上不再追求传统快速路环线的完全封闭和绝对连续，而是契合地区功能和具体建设条件，按照不低于主干路的标准控制，组成环线的各路段在建设形式、车道规模等指标上允许存在一定差异。

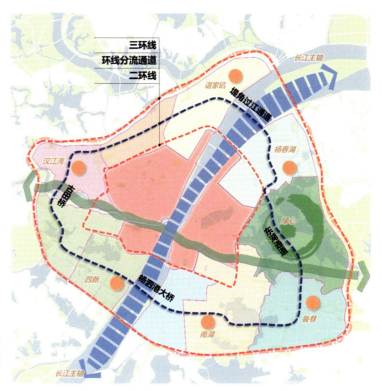

图 9-9 环线间多段道路整合提升形成环线分流通道（编制时间：2017 年 12 月）

9.3.3 优化建设标准，降低协调难度

快速路具有建设里程长、协调难度大、社会影响大等特点，建设过程中出现部分立交、匝道等控制性工程协调周期过长，进而影响全线通车、出现阶段性运行问题的概率较高。根据《中华人民共和国环境影响评价法》第十八条，快速路建设项目的环评工作一般在设计层面，主要依据工程可行性研究及初步设计成果开展，在相对早期的规划阶段难以精确确定工程建设造成的环境影响范围和程度。因而规划方案研究阶段必须明确一定的建筑间距等标准，以支撑道路方案的开展，保证环境影响的"安全底线"，尽可能降低后期社会矛盾。

为了减小后期用地协调压力，武汉市相继出台了《武汉市建设工程规划管理技术规定》（市政府 248 号令）及《市国土规划局〈关于规范武汉市快速路匝道宽度的通知〉》《市城建委、市国土规划局关于贯彻落实〈武汉市建设工程规划管理技术规定〉的通知》等地方规定，对快速路规划的部分标准进行了优化和补充，就高架桥与周边建筑间距，困难地段快速路匝道、地面辅道的车道建设规模及结构宽度等均提出了明确要求。例如，高架桥与周边建筑的间距要求，分别明确了高架主线、匝道结构边距离既有环境敏感建筑的最小净距指标，力图在规划层面将不利影响控制在可接受范围内，这部分已在第 5 章已有所阐述。

武汉市还就匝道宽度等具体设计提出了相应标准，统筹用地条件、交通流量需求等，对匝道的车道规模、最小结构宽度、是否设置紧急停车带等提出了明确要求，其中比较重要的是对用地紧张条件下的匝道结构宽度提出了底线标准，为规划方案向设计、实施阶段的有效传递

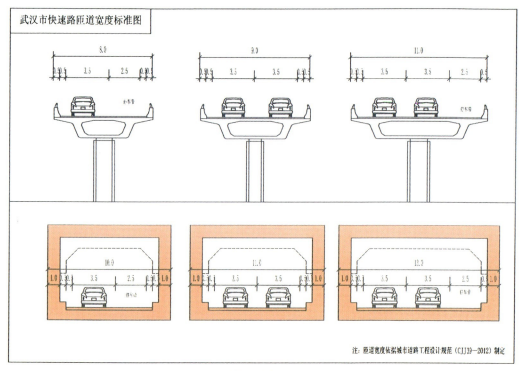

图9-10 一般条件下武汉市快速路匝道宽度标准图（单位：m）
图片来源：《武汉市国土资源和规划局〈关于规范武汉市快速路匝道宽度的通知〉》

提供了依据。例如，对于匝道而言，一般条件下单车道匝道＋紧急停车带、双车道匝道、双车道匝道加紧急停车带的高架形式结构宽度分别为8m、9m、11m（隧道形式则分别为10m、11m、13m）（图9-10）。而为了应对实际建设中的极限情况，2014年武汉市城乡建设委员会与武汉市国土资源和规划局联合发布了《市城建委、市国土规划局关于贯彻落实〈武汉市建设工程规划管理技术规定〉的通知》，其中就匝道最小宽度作了补充规定，提出"对于匝道长度小于250m、用地特别紧张的路段，单向匝道可考虑不设置紧急停车带，匝道结构宽度不低于5m""对于单向双车道匝道，可不设置紧急停车带，匝道结构宽度不低于7.5m"。

9.4 实施保障层面——全流程规划协调，保障技术传导

为保证快速路系统"一张蓝图干到底"，武汉市一直在努力探索和建立快速路规划建设机制，努力实现纵向各工程环节的技术要求传导，横向跨部门、单位、利益相关方之间的协调统筹。经过多年的探索与实践，不仅规划的编制与管理形成了良好的互动，规划、建设、发改等行政主管部门之间也搭建了高效的协作机制，为快速路建设实施全面落实规划理念提供了坚实的保障。

9.4.1 全流程的规划编制体系

武汉市快速路规划编制体系完善，层次清晰。纵向上形成了由系统规划、方案研究、修建性详细规划组成，从宏观规划到实施规划全过程覆盖的规划编制体系，指导实施；横向上对接国民经济和社会发展规划、城乡规划、土地利用规划、生态环境保护规划等相关规划，保障各项规划之间的协调统一，避免用地矛盾。规划部门主动发挥规划统筹协调职能，以规划编制为平台，在各阶段主动协调各部门意见、提前解决实施矛盾。自2007年以来，武汉市相继编制了多项系统规划，主要包括《武汉市快速路系统专项规划》《武汉市主城区快速路实施方案研究》《武汉市主城区快速路系统控制规划》《武汉市主城区快速路及快捷路系统建设规划》《武汉市主城区现状快速路系统节点优化提升研究》《武汉市高快速路网系统规划建设与优化研究》等，涵盖总体布局、建设安排、用地控制、评估提升等多方面内容。而对于每条快速路，在实施阶段均开展总体方案研究及修建性详细规划，其中总体方案研究较为综合，除关注快速路本身交通功能，更多是协调好与铁路、港口、堤防、轨道交通等重大设施的技术对接和管理统筹，涵盖沿线景观提升、环境改善、区域交通组织等相关内容；修建性详细规划则具体落实快速路平面布置和用地控制，并明确全要素理念、地块衔接等要求，可直接指导下一步设计和施工。无论是哪一层次的规划，其编制过程均紧密结合当时的城市建设重点、生态保护要求、国家政策导向等发展战略，助力快速路系统有序、高效、科学地建设。

9.4.2 多源数据融合的工作平台——武汉市规划管理"一张图"

为了杜绝规划编制与管理脱节、各类专项规划彼此孤立的现象，武汉市规划管理"一张图"应运而生，该平台以控制性详细规划和乡（镇）级土地利用规划为核心，集成了基础地理、土地利用现状、地籍调查等现状数据，综合了生态红线、基本农田、旧城改造与城市更新、"三线一路"、历史保护、地下空间等规划成果，融合了选址意见书、用地规划许可证、规划设计条件、工程规划许可证、土地储备、土地登记发证等审批管理信息，具有实时查询、动态更新的特征，反映了最新的现状、规划和审批情况，同时也存储了翔实的历史信息，为规划编制和管理之间持续、良好的互动衔接提供了媒介（图9-11）。

规划管理"一张图"既是快速路规划的"起点"，又是快速路规划的"终点"。在快速路各层次规划编制过程中，编制人员都会对"一张图"的相关数据进行查询、分析、核实，从源头上避免了与各类规划的冲突，保证了规划的一致性和协调性，减少了后期建设实施过程中的矛盾。同时，规划编制成果经过审查、审批之后，相关内容将按照平台动态更新的数据要求合理纳入，形成"编制—管理—编制"的信息循环。例如，《武汉市主城区快速路系统控制规划》通过对快速路的建设形式、立交节点的设置形式等内容的深化研究，对快速路的用地控制进行了优化调整。该规划经审批通过后，对"一张图"的相关数据（如快速路的道路用地及两侧其他用地）进行更新，从而指导用地划拨出让、审批管理等，实现了通道空间的有效控制。

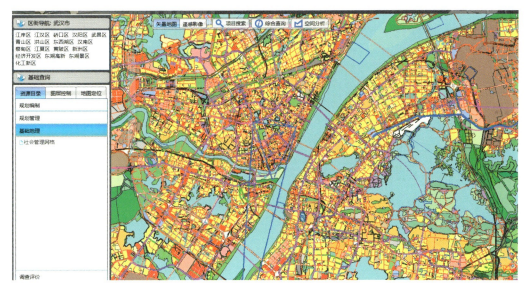

图 9-11 武汉市规划管理"一张图"

图片来源：潘聪，方勇，应兰兰，等. 多规合一视角下武汉规划管理制度创新 [M]// 中国城市规划学会. 持续发展 理性规划——2017 中国城市规划年会论文集. 北京：中国建筑工业出版社，2017.

9.4.3 层次清晰的规划建设协调机制

武汉市建立了市城建重点工程三级会议协调制度（详见第 6 章），可以有效、及时地解决需要众多部门共同商议或涉及呈报上级机关审定的重大事宜，对于快速路规划建设过程中的一般事宜，相关部门之间还形成了联席会议制度，根据建设项目所处的阶段及需要协调解决的具体事项，分别由发改、规划、建设等行政主管部门牵头，涉及的其他部门共同参与，并结合各自职责协商提出解决方案，避免出现互相推诿、推进不力的情况。

由于规划、设计两个阶段在关注重点、编制深度、基础资料等方面存在差异，项目设计阶段不可避免地存在对前期规划方案或多或少的调整，为了简化流程、提升效率，规划与建设主管部门共同明确了清晰可行的规划方案调整程序，将快速路的相关要求划分为一般管控型和严格管控型两类。其中，断面形式、人行过街设施、相关工程协调处理等要素为一般管控型，上述要素调整由建设业主单位发起，在征得规划主管部门的书面同意后，可将调整后的设计成果上报建设主管部门审查；而道路红线、建设标准、立交形式、匝道功能等涉及道路主要功能的要素为严格管控型，如建设业主单位提出调整需求，需由建设业主单位组织规划、设计等技术单位共同研究方案，并报建设主管部门、规划主管部门等共同组织研究，并按照规范审批程序报批调整后的规划、设计成果，以确保规划审定方案的严肃性。

参考文献 Reference

[1] 汪峰，蒋乐，周俊，等. 武汉东湖通道建设方案研究 [J]. 城市道桥与防洪，2014（9）：14，36-43.

[2] 张文彤，殷毅，吴志华，等. 建立"一张图"平台，促进规划编制和管理一体化 [J]. 城市规划，2012（4）：84-87.

[3] 武汉市规划研究院. 武汉天河空铁枢纽规划研究 [Z]. 2020.

[4] 武汉市规划研究院. 武汉西站枢纽交通专项规划 [Z]. 2020.

[5] 武汉市规划研究院. 汉正街隧道建设方案深化研究 [Z]. 2019.

[6] 武汉市规划研究院. 武汉市主城区 2.5 环规划研究 [Z]. 2016.

10 创新理念及典型案例

武汉市快速路系统能够在长时间维度、广空间区域内按照系统规划落地，不仅需要科学的网络布局、合理的建设时序安排，更得益于在统筹协调快速路建设与城市格局、用地开发、环境保护的关系方面开展的积极创新。武汉市围绕落实系统规划引领、统筹交通与用地、探索灵活实施路径等方面作出了诸多创新和探索。本章结合现状案例，从交通引领城市发展、交通用地融合发展、交通生态共享方面介绍武汉行之有效的建设思路，并结合实际案例进行介绍，具体包括，以武汉四新重点功能区的发展为例，介绍城市新建区域中以快速路建设为先导引用地开发和功能发展；以武汉中央商务区为例，介绍在城市更新区域通过道路与用地的规划统筹，实现交通功能与城市功能的协调融合；以东湖风景区内的东湖通道与东湖绿道的协调建设为例，介绍在生态环境敏感区域，以交通提升为契机同步实现交通改善和生态环境提升的策略。

10.1 交通引领城市发展

10.1.1 四新地区概况

四新地区位于武汉三镇中的汉阳，大致范围是指现状汉阳区二环线以南、三环线以北、长江以西的区域，其名称源于 20 世纪 60 年代，北太子湖围垦造田建成农场，随当时"破四旧，立四新"的历史潮流而被命名为"四新农场"。20 世纪末，四新地区成为武汉主城区范围内的建设洼地，交通不便是其发展滞后的主要原因之一。区域对外交通受长江、汉江阻隔，向东仅有长江大桥与武昌单通道联系，向北仅有江汉桥、知音桥两处通道与汉口联系，联系通道稀缺。区域内部西有龙阳湖、北有墨水湖、东有杨泗港铁路和长江，众多阻隔导致区域内部难以形成贯通性道路，与汉阳地区较早发展的滨江板块也联系薄弱。2000 年以后，三环线西段、白沙洲大桥等外围通道逐步建设，但四新地区内外交通衔接转换依然薄弱，区域内大部分用地直到 2010 年还处于待开发状态（图 10-1）。

在 2003 年时，三镇发展不均衡，尤其是四新地区的发展滞后已成为全市

图10-1　21世纪初大汉阳地区开发用地分布

图10-2　《武汉新区总体规划（2006—2020年）》规划结构图

建设的短板，当时武汉市政府工作报告中明确提出"加大汉阳地区的开发建设力度，努力实现武汉三镇均衡发展"的城市格局优化战略。2004年，武汉市规划部门组织编制了《武汉新区总体规划（2006—2020年）》，将长江、汉江、外环线（京珠高速）围合的大汉阳地区，约368km² 的区域整体规划为武汉新区，定位为辐射武汉乃至整个华中地区的现代制造业基地、生产性服务中心、市级文化旅游中心和风貌独特的现代化商住新城。其中，四新组团是大汉阳区域的核心，面积46km²，利用建设用地储备较多的后发优势，整体规划培育新的城市服务功能，旨在形成区域性生产性服务中心和现代居住新城，建成大汉阳地区核心功能组团，并带动汉阳老城区更新、沌口汽车工业新城的发展（图10-2）。

四新组团规划建设之初，46km² 范围内仅有一条南北向双向6车道龙阳大道能够贯通，突破交通瓶颈成为四新组团发展的当务之急。为打开四新地区建设新局面，《武汉新区总体规划（2006—2020年）》中明确了以交通建设引领发展的总体策略，并在规划、建设两个层面进行落实。

10.1.2　规划引领——以快速路系统布局支撑城市新格局

按照交通引领空间布局、支撑用地发展的战略，四新地区道路系统规划着重于破除江、湖地理分隔，消除对外交通瓶颈，加密快速路、主干路等骨架道路。结合主城区环射路网体系，在四新组团布局杨泗港快速通道、三环线、龙阳大道、国博大道这4条快速路，形成"两横两纵"的快速路体系，实现对外交通快速进出，内部构建方格状次支路网体系，高效疏解快速

图 10-3 四新组团核心区道路系统规划
（编制时间：2008 年 12 月）

路车流（图 10-3）。通过对内、对外的交通衔接体系，奠定四新地区的用地格局。

针对四新地区受湖泊、铁路阻隔的特点，路网系统进行了针对性优化，南北向加密骨架通道，设置龙阳大道、江城大道、鹦鹉大道、滨江大道等骨干道路向北跨越汉江连通汉口，设置芳草路、江城大道向南跨越墨水湖连通沌口；东西向规划墨水湖北路—鹦鹉洲大桥、杨泗港快速通道四新段及杨泗港大桥、三环线西段，白沙洲大桥向东跨越铁路和长江。实现四新地区与武昌的高效衔接，将四新地区完全纳入城市环射快速路体系的有效服务范围（图 10-4）。

10.1.3 建设引领——以骨架道路建设带动地块开发

在四新区域大规模用地开发之前，相继启动了江城大道、杨泗港快速通道四新段、二环线墨水湖路段等快速路建设，并成片区开展了四新南路、芳草路等城市干路的建设，有效消除了区域交通瓶颈。新开辟道路对促进用地开发起到了显著的带动作用，道路沿线用地成为四新地区率先启动建设的地块，快速形成了区域开发新气象，带动了区域纵深腹地的开发。

四新区域开发与交通系统建设密切相关，从道路建设时序来看，四新地区发展主要可以分为 3 个阶段。2008~2012 年，南北向交通轴线江城大道建成，为沿线用地创造了北达汉口老城、南接沌口车都的区位优势，迅速成为四新地区城市发展轴，四新片区用地开发热点从 318 国道、三环线沿线向江城大道轴线聚拢，这一阶段四新地区发展呈现沿快速路轴线聚集的特点。2012~2016 年，国博大道快速路建成、318 国道完成快速化改造（即龙阳大道快速

图 10-4 四新地区跨湖、跨江通道布局
（编制时间：2008 年 12 月）

路），区域快速路网络初步形成，四新地区从单一轴线发展转向网状、多点式发展。2016 年以后，杨泗港快速通道四新段贯通，区域快速路网延伸到四新腹地，区域次支路网开启全面建设，由此四新地区转向全面开发，位于区域核心的方岛地块等重点服务型地块也进入开发实施阶段。

10.2 交通用地融合发展

在快速路系统规划层面，需要落实交通与用地协调发展理念，充分协调道路用地与开发用地、道路建设形式与区域景观要求、交通功能与其他市政功能需求等，尤其需要尽可能避免或淡化用地分割的影响，以及城市建成区采取高架快速路形式时极易产生的噪声、景观等不利影响。

以穿越武汉中央商务区核心区的宝丰北路高架快速路为例，针对该快速路，规划在系统布局、总体方案研究等前期阶段，便于中央商务区概念规划、总体规划、城市设计、控制性详细规划等不同阶段用地规划协调对接,并充分利用武汉市城市三维模型开展方案评估论证,详细核实了快速路走廊线位、通道宽度、沿线用地功能与建筑方案、宝丰北路建设形式、高架桥下空间利用等诸多细节因素,最终实现了宝丰北路快速路与城市用地布局融合、功能协调。如今,宝丰北路快速路通道已被打造成为集快速过境、到发服务、轨道交通、停车、景观绿化等多种功能于一体的复合交通廊道。

10.2.1 武汉中央商务区概况

武汉中央商务区改造前是王家墩机场所在地,因而早期被称为王家墩中央商务区。王家墩机场始建于1935年,当时武汉建成区局限在中山大道一线,机场尚位于城市"远郊"。随着城市的持续扩张,至20世纪末,王家墩机场区域已蜕变为城市中心区(图10-5),为适应城市发展,武汉市政府明确了王家墩机场搬迁的计划,在《武汉市城市总体规划(1999—2020年)》中明确机场周边约7.4km²的土地规划建设中央商务区。

按照2004年武汉市政府批复的《武汉王家墩商务区规划》,区域拟集中建设金融商务、贸易咨询、会展信息、商业服务等重大设施,形成现代商务中心区,成为展示21世纪武汉现

图10-5 王家墩地区改造前已处于城市建成区腹地
底图来源:陈韦,等. 远见:武汉规划40年(1979—2019年)[M]. 北京:中国建筑工业出版社,2019.

代化、国际化城市风貌的重要窗口。在城市布局上,经国际规划征集,确定了"一心、两轴、四区"的空间发展结构(图10-6)。王家墩承担着武汉"聚集"和"辐射"区域优势的使命,定位为立足华中地区,辐射全国的金融、保险中心,主要承担的功能以企业地区总部办公为主导,服务武汉现代制造业、光电子信息等支柱产业,建设现代商务区和服务于现代商务的综合商贸及高品位居住区,其城市功能和品质均面临较高的要求。

武汉中央商务区规划面积7.41km²,用地整体呈规则的多边形,东西、南北用地直径均在3km左右,区域内无贯通性高等级道路,既无法满足区域对外交通要求,也对主城区路网系统造成割裂影响。商务区西侧紧邻规划二环线,但建设之初二环线尚未形成,且二环线主要承担组团间长距离快速过境功能,无法直接满足商务区的到发需求。为解决商务区的对外交通瓶颈,消除城市路网覆盖盲区,规划南北向宝丰北路、东西向黄海路两条快速路穿越商务区,构建区域"十字交通轴",向内衔接区域路网,向外融入城市快速路体系(图10-7)。两条快速路的布局顺应城市肌理,结合用地格局从各单元组团之间穿越,其中宝丰北路沿线布置商务区带状绿化公园,将高架快速路融入绿化景观。在实现快速交通功能的同时,保证道路两侧地面路网连通,绿化空间在消除高架景观、噪声等不利影响的同时,也提供了充足的地下轨道、市政管线布置空间,形成商务区南北向的交通市政绿化复合走廊。黄海路东西向贯穿商务区核

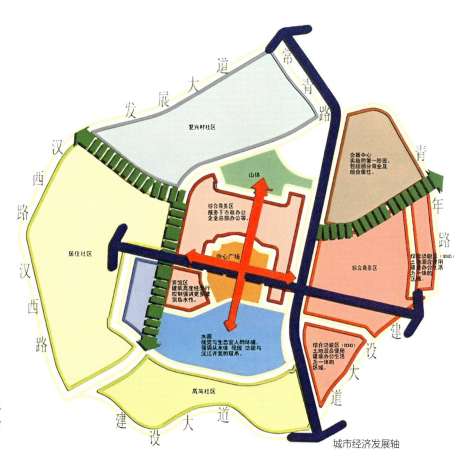

图10-6 武汉中央商务区总体空间结构规划图(编制时间:2003年12月)

图 10-7 王家墩商务区"二纵三横"的骨架交通格局（编制时间：2005 年 5 月）

心组团，结合区域地下空间规划，在商务区范围内采取隧道建设形式，与东西向穿越商务区的轨道交通 7 号线共走廊布置，并与商务区地下环路实现地下无缝对接，隧道东端利用宝丰北路绿化走廊用地设置立交、与宝丰北路高架实现无缝衔接。为进一步改善区域地块交通条件，以宝丰北路和黄海路为骨架，规划布置云飞路、淮海路、泛海路等主干路，在王家墩商务区内部形成"二纵三横"的骨架交通格局。

10.2.2 宝丰北路复合交通走廊规划概况

宝丰北路北起常青路范湖立交，南至建设大道，全长约 2.5km，向北接汉江大道常青路段至北三环，向南接硚口路高架并经月湖桥、江城大道至南三环，是贯通主城区的汉江大道快速路的重要组成路段，与主城区 3 条快速环线均可实现互通联系（图 10-8）。主城区以外，汉江大道向北接机场快速路至天河机场，向南接武监高速对接四环线、绕城高速。宝丰北路的建设实现了武汉中央商务区全部用地均处于主城区快速路系统 5 分钟服务范围，为商务区规划升级的金融商务、贸易咨询、会展信息、商业服务等提供了强有力的交通效率支撑；利用宝丰北路交通走廊同步建成的轨道交通 3 号线、地下停车场、景观绿化带，更是全面提升了商务区的功能与品质。

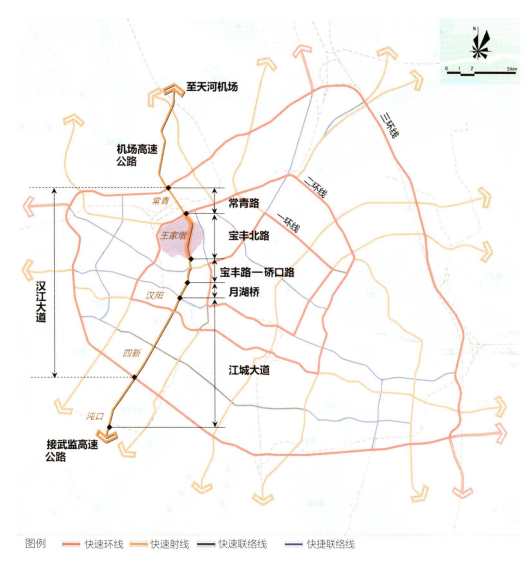

图 10-8 宝丰北路区位（编制时间：2022 年 6 月）

图例　━━ 快速环线　━━ 快速射线　━━ 快速联络线　━━ 快捷联络线

10.2.3 宝丰北路多层次用地协调经验

宝丰北路高架快速路及复合走廊在总体规划、专项规划、修建性详细规划及工程设计等多个阶段均开展了交通与用地、交通与市政管线、交通各分系统工程之间的用地协调工作。

一是总体规划层面，统筹交通、用地、绿化功能，控制交通复合走廊用地。在单一承担快速交通功能的条件下，武汉市主城区快速路红线一般按照基本功能要求控制为 50～60m，在满足快速路建设条件的基础上，尽可能节省建设用地。宝丰北路通道在商务区范围段则是按照交通、市政、景观等多功能复合廊道的概念进行规划控制，以城市带状绿地公园为基底，纳入轨道交通线路、城市快速路、城市支路、绿化景观、公共停车等多重功能，复合走廊宽度达到 140m（汉江大道其余路段仍采取 50～60m 红线宽度控制），为实现上述多种功能确保了充分的用地条件。高架快速路在断面上沿复合走廊中间布置，与两侧地块分别拉开了 50m 以上的绿化防护距离，有效控制了高架建成后的环境影响。宝丰北路不仅实现了"藏路于绿"宽阔的绿化带还串联起王家墩公园与梦泽湖公园，将商务区范围内的公园绿地连为一体，起到了划分中央商务区功能组团的作用（图10-9）。

二是专项规划阶段，开展交通分系统方案协调研究，避免工程矛盾。宝丰北路复合走廊内平行布置有一条高架快速路、两条城市支路、一条轨道交通线（轨道交通10号线），在商务区核心区与轨道交通3号线、7号线及黄海路隧道垂直相交，高架下方规划建设绿化复合地下停车场，工程协调极为复杂。综合考虑满足多条轨道交通线路建设需求、实现宝丰北路快速交通功能，宝丰北路无法采取隧道、地面建设形式，因而在商务区总体规划阶段即明确宝丰北路采用高架建设形式，在后续深化阶段由设计单位对高架宽度、桥墩布置等开展初步设计深度的深化研究，提前界定各分系统工程之间的边界关系，保障了规划意图的有效落地（图10-10、图10-11）。

三是在工程设计阶段，开展高架桥梁绿化景观优化专题研究，最大限度减少高架桥环境影响。为尽量降低高架桥梁对周边景观环境的影响，经过多方案比较论证，宝丰北路高架最终确

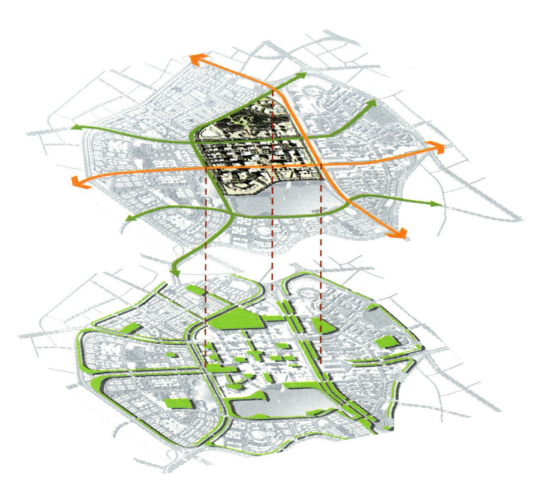

图10-9 骨架路网与绿化体系重叠（编制时间：2005年5月）

图 10-10 通过城市三维模型评估宝丰北路高架方案与用地关系（编制时间：2015年5月）

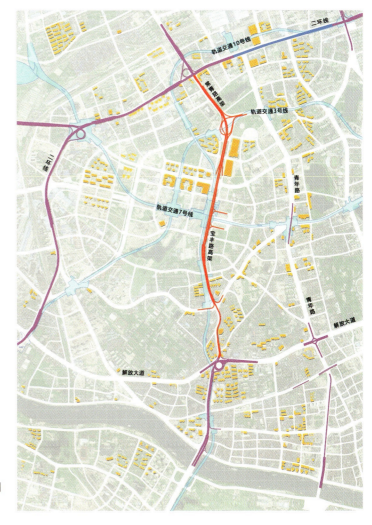

图 10-11 专项研究阶段对交通分系统方案进行统筹协调（编制时间：2015年5月）

定采取分幅高架建设方式，东、西两幅高架之间增种一排高大乔木，强化绿化对高架结构的遮挡，实现藏高架于绿化之中的效果。地面建设城市绿化公园，同时结合周边需求，局部设置桥下停车场，实现桥下空间的有效利用（图10-12、图10-13）。

作为汉江大道的收官路段，宝丰北路高架于2016年初正式进入全面建设阶段，并于2019年9月实现贯通运行。得益于前期充分的用地协调和工程统筹，宝丰北路高架顺利完工，地下停车场同步建成，轨道交通相交节点、黄海路隧道立交等、范湖立交等工程衔接节点顺利建成。宝丰北路高架在商务区外围设有两座互通立交、衔接城市快速路网体系，在商务区内则设有南北两对匝道衔接区域路网、服务快速到发，通过黄海路立交与黄海路隧道及核心区地下

图10-12　宝丰北路双幅高架中间及两侧均种植高大乔木

图10-13　宝丰北路高架下规划布置的公共停车场出入口

环路实现无缝对接，彻底消除了商务区交通瓶颈，打通了城市骨架路网断点，促进商务区发展进入快车道（图10-14）。

（a）范湖立交节点

（b）淮海路节点

图10-14　宝丰北路高架建成实景图，完整落实了总体规划要求

(c)常青路节点

图 10-14　宝丰北路高架竣工实景图（续）

10.3　交通生态共享

10.3.1　百湖之市与东湖通道的起源

　　武汉市水资源丰富，源于古云梦泽的166处湖泊赋予了武汉"百湖之城"的美誉，更是武汉人引以为豪、借以休闲的生态资源。然而，从城市交通网络构建的角度来看，大量的湖泊给交通联系却带来天然阻隔，其中对武汉骨架路网的隔离影响以东湖为最。东湖位于武汉市主城区，水域面积约33km^2，曾经是中国最大的城中湖（近年来随着武汉城区向南扩展，位于主城区东南侧、面积达48km^{2}的汤逊湖成为现在最大的城中湖），水面东西连绵近10km，南北向最宽处近8km。武汉市早期规划建设的二环线、三环线均避让东湖水体，分别位于湖泊东、西两侧，导致局部城市骨架路网间距达10km。东湖内原有一条5~6m宽的湖中道，历史上是进入东湖的唯一陆上通道，系由湖中矮堤经桥梁连通而成。在2015年东湖隧道建成通车之前，从二环中心区前往东湖高新区除长距离绕行东湖外围，就只能穿行东湖中心的湖中道。由于穿行东湖车辆过多，狭窄的湖中道局部路段又需错车、单向通行，极易产生交通拥堵；大量机动车穿越东湖，既挤占了人们通过绿色交通方式抵达湖区内部的通道，也严重降低了湖区环境品质。交通不畅与旅游不便的双重困境，成为制约东湖景区品质提升、武昌交通出行环境改善的难题。

　　为了解决"车辆难过湖、行人难进湖"的双重困境，优化城市骨架路网结构，解决中心区与东湖高新区联系不畅的问题，同时提升东湖的生态景观环境，经过多年论证研究，在《武汉市城市总体规划（2010—2020年）》中，正式将规划的东湖通道纳入城市骨架路网。而在东湖通道规划方案细化直至建设过程中，坚持生态优先、环境共享的理念，最终通过"东湖通道+东湖绿道"方案的同步实施，在解决车行和人行难题的同时，也打造了"武汉东湖绿道"这一新的城市名片，显著提升了东湖景区的慢行可达性和环境品质，成为兼顾城市交通与生态环境保护的示范工程。

10.3.2 引领东湖通道建设的生态共享原则

1. 东湖风景区概况

东湖风景区位于武汉市主城区，景区面积88km^2，集国家5A级旅游景区、国家级湿地公园、国家生态旅游示范区于一体，生态环境要求极高（图10-15）。东湖包含多个子湖，其水面被湖中道（矮堤）、山体等分隔成为相互连通的汤菱湖、郭郑湖、团湖、后湖、喻家湖、庙湖等湖泊，形成了磨山景区、听涛景区、落雁景区、吹笛景区等，景区内还建设有武汉植物园、武汉欢乐谷、东湖海洋世界等热门景点，是武汉民众日常生活休闲及各地来汉游客必游之地。

2. 东湖通道的"生态共享"规划思路

为解决东湖景区发展与城市交通的矛盾，武汉市自2007年启动东湖通道的规划研究。在规划研究启动之初，便将生态共享作为总体规划理念，提出了"落实东湖风景区总体规划、提升风景区旅游服务功能、分离景区过境交通、构建城市骨架路网系统，形成一条交通畅达、景观优美、生态宜人、安全经济的交通景观大通道"的总体目标。

为实现这一目标，按照优先考虑景观功能再考虑交通功能的原则，提出了三项规划策略。

一是同步完善景区配套功能，植入人气聚集设施。以东湖通道建设为契机，同步启动以东湖绿道为核心的东湖景区品质全面提升工作，改善景区的慢行可达性，增补观光游览服务设施，打造还湖于民的民生工程。

二是交通上兼顾增强区域连通与消除景区干扰的双重目标。东湖通道是主城区骨架路网系统的重要组成部分，承担着城市长距离交通出行功能，东湖通道除自身按照高标准快速路建设、实现交通流连续以外，同时在通道两端也要实现高效率衔接，与原有城市快速路系统实现无缝对接。在建设方式选取上应最大限度减少对东湖风景区的影响，充分协调与水体、山体关系，弥补全市交通系统的缺口，合理设置节点立交、上下桥匝道及优化道路线形、地面交通组织。

三是交通设施景观化设计原则。景区范围内必不可少的交通设施按照景观化、人文化标准设计。东湖隧道穿湖段长度超过6km，必须于湖中设置一处通风设施，按照生态环境优先的原则，排风口按照造景理念，结合东湖风景区规划湖心岛建设成为景观绿岛，同时绿岛借用围堰施工范围补充景区消防、救援、休闲服务、绿道驿站等功能。

图 10-15 东湖风景区航拍图

10.3.3 东湖通道建设的成功经验

1. 兼顾外围路网系统与内部景观体系的复合线路选择

为了确保东湖通道选线既满足路网系统的连通功能，又符合东湖风景区生态要求，东湖通道线位重点考虑了两方面因素。一是结合区域路网系统布局，早期结合路网布局拟定了 3 条可供选择的线路进行比较，分别为徐东大街—光谷大道（线路一）、二环线—光谷大道（线路二）、工业二路—光谷大道（线路三），经过详细的交通需求论证、两岸接线疏解能力分析，线路一、线路二均满足交通功能需求。二是按照最小化景观影响的原则进行线路决策，从东湖水体分布来看，线路一从东湖核心保护区郭郑湖中部通过，线路二从东湖核心保护区郭郑湖东侧通过，线路三从东湖核心保护区团湖中部、后湖西侧通过，综合比较后，线路二相对影响最小。最终，通过交通功能与景观功能的双重考量，按照景观优先的原则，东湖通道总体线路采取线路二方案：北接二环线红庙立交，南接高新区光谷大道快速路（图 10-16）。

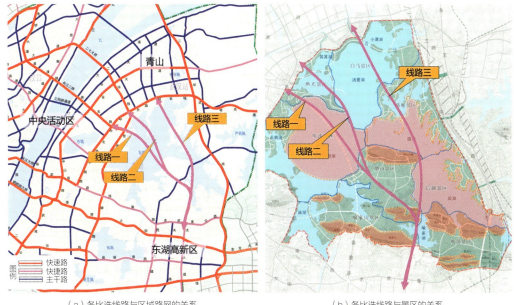

图10-16 东湖通道总体线路比选（编制时间：2012年3月）

（a）各比选线路与区域路网的关系　　（b）各比选线路与景区的关系

2. 交通设施景观化的建设方式

在前期确定的总体线位基础上，进一步开展了线路细化和建设形式论证工作。规划研究初始，即本着过境交通与景区交通分离、通道运行安全及减小环境影响的原则，对跨湖段可能采取的桥梁、隧道、桥隧组合等类型进行了全面对比分析（图10-17）。桥梁方案在交通功能、建设难度、投资成本、安全性能等方面均具有明显优势，在初期研究讨论过程中是认可度较高的方案，而规划拟推荐的全隧道方案虽然景观生态效果最好，但长距离隧道存在安全措施要求高、施工难度大、运行维护费用高等问题，在初期多轮研究中并未获得各部门和专家一致认

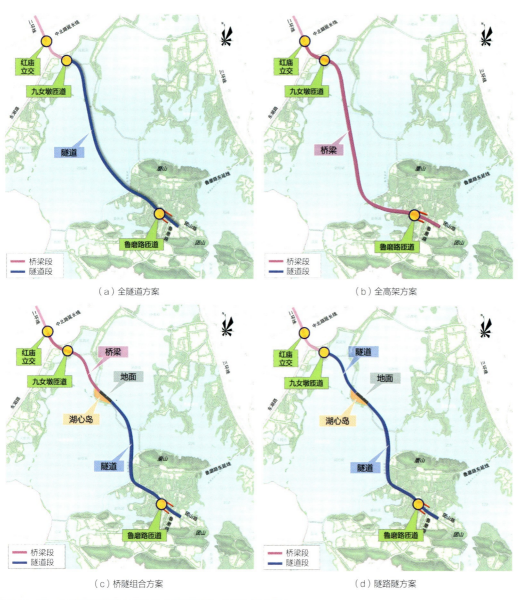

图10-17　东湖通道建设方案比选（编制时间：2012年3月）

可。为此规划团队又相继开展了桥路隧组合、隧路隧组合等多种方案论证比较，2007~2011年，在长达5年的前期研究中，经过规划团队的努力坚持并经多轮意见征求、专家咨询、方案论证，隧道方案成为最终建设方案。

针对不同专家及部门对隧道方案提出的连续隧道段过长可能存在的施工难度、安全问题等，方案优化阶段将东湖隧道建设需求与东湖风景区规划充分结合，提出结合隧道工程同步实施东湖风景区总体规划中的"湖心岛"景点建设，即利用东湖隧道围堰施工及湖泊清淤土方填筑扩大原有小岛，减少土方外运，同时利用扩大后的湖心岛设置隧道敞口段及应急出口匝道，布置隧道通风救援设施以及亲水平台、绿道驿站等景区服务设施，将长隧道一分为二，大幅缩短连续暗埋段的隧道长度，提高隧道运行的安全系数（图10-18、图10-19）。

图10-18 湖心岛效果图

图片来源：方可. 城中型风景区重大城市设施协调规划应对措施——以武汉东湖通道为例[J]. 规划师，2016, 32（5）：76-81.

图 10-19　湖心岛应急匝道航拍图

参考文献 Reference

[1] 程明华，黄峻，汪波宁. 武汉王家墩商务区规划十年回顾 [J]. 城市建筑，2005（5）：26-30.

[2] 方可. 城中型风景区重大城市设施协调规划应对措施——以武汉东湖通道为例 [J]. 规划师，2016，32（5）：76-81.

[3] 武汉市规划研究院. 武汉新区总体规划 [Z]. 2003.

[4] 武汉市规划研究院. 武汉新区市政基础设施专项规划 [Z]. 2007.

[5] 武汉市规划研究院. 武汉市王家墩商务区概念规划 [Z]. 2003.

[6] 武汉市规划研究院. 王家墩商务区市政专项规划 [Z]. 2004.

[7] 武汉市规划研究院. 常青路-硚口路快速化改造规划方案 [Z]. 2015.

[8] 武汉市规划研究院. 武汉市东湖通道建设规划 [Z]. 2012.

结语

11 快速路发展展望

11 快速路发展展望

回望新世纪的前 20 年，武汉市迅速建成了快速路系统，对提升城市交通效率、适应机动化发展起到了关键作用，但随着道路供给增速减缓、交通需求持续增长、市民环境品质要求提高，快速路系统运行也面临着拥堵加剧、邻避矛盾、景观冲突等诸多问题。2016 年以来，全市机动车以年均超过 35 万辆的速度高速增长，快速路网的"基建红利"被迅速消耗，快速路整体运行车速连续三年小幅降低。放眼未来，武汉城市发展定位为从国家中心城市走向创新引领的全球性城市，城市人口、岗位或将在 30 年间大幅增长乃至倍增，城市快速交通系统既要保证效率，也要兼顾城市空间的拓展、建成区功能的优化、环境品质的提升等多方面诉求。城市交通发展，尤其是作为中流砥柱的快速交通系统既要应急，更需要谋远。随着武汉城市发展进入功能和品质双提升的新阶段，结合交通领域科技发展，对武汉城市快速交通的发展进行了一些前瞻性思考和探索性规划。

11.1 全球性城市的交通发展方向

根据联合国发布的《世界城市化发展前景（World Urbanization Prospects）2018》，世界城市[①]人口比例将从 2018 年的 55% 增长到 2050 年的 68%，将新增 25 亿城市人口；2018 年，全球千万以上人口大城市共有 33 个，预计至 2030 年将增加到 43 个，全球人口加速向大城市聚集。我国 2020 年 10 月开展的第七次全国人口普查数据也表明，我国城镇化水平仍将保持上升趋势。2020 年我国城镇化率已经达到 63.89%，比 2010 年提升了 14.21 个百分点；同时，流动人口规模大幅增加，相比于 2010 年增长近 70%，且流动人口流向城镇、城镇化率较高地区的比重仍在提高，城镇化仍然是我国城乡发展的主要趋势，其中区域中心城市是人口集中的主要目的地。

作为国家中心城市，武汉市 2020 年常住人口 1232.6 万，其中流入人口 394.5 万。根据武汉市新一轮国土空间规划中北京大学城市与经济地理学系开

---

① 该研究中定义的城市是指核心城市以及相邻城市化地区组成的相互联系的区域；大城市是指发达国家 15 万人口以上的城市区域，以及发展地区 20 万人口以上的城市区域。

展的人口专题预测，武汉在未来长时期内将是人口净流入城市，预测2035年常住人口将增长至1460万~1660万，预计2050年这一数字将达到2000万。持续增长的人口将会对城市基础设施、公用设施造成压力和冲击，未来的城市交通体系则需要能够在大范围、高强度的城市区域内提供可持续、多样化的出行方式，满足人们居住、工作、购物、娱乐等各种需求的便捷出行。

尽管难以对一个超大城市就数十年后的交通体系作出详尽规划，但我们从全球化视角研究城市发展特征，还是能够探寻到一些全球性城市未来交通发展的方向。

首先，全球性城市需要持续不断地强化对外交通枢纽能级。按照《国家综合立体交通网规划纲要》的目标要求，到2035年，基本建成便捷顺畅、经济高效、绿色集约、智能先进、安全可靠的现代化高质量国家综合立体交通网，形成"全国123出行交通圈"和"全球123快货物流圈"[1]。国际、国内的互联互通离不开机场、高铁站等综合交通枢纽的紧密合作与高效集散。实际上，大城市已经普遍采取多机场+多高铁站的交通枢纽建设策略，以提升城市在国家、全球交通网络中的枢纽地位，如武汉市除扩建既有的天河机场、强化与相邻鄂州花湖机场的衔接外，还规划预留了第二机场，远期可提供10000万人次/年的航空吞吐量。除此之外，城市内部交通体系作为服务经济活动的终端，是城市全球交通链最重要的环节之一。城市内部交通的效率要求既要有高速度也要有大容量，通过多种制式的轨道交通与高快速路，构建兼有容量与速度的全覆盖快速交通网络，才能保证高铁站、机场等交通枢纽发挥其区域、国家、全球层面的高效出行作用。如大伦敦范围内已拥有5座机场，其中希思罗国际机场2017年度客流吞吐量高达7800万人次，位居世界第七；但为了保持"世界级的国际连通"，"London Infrastructure Plan 2050"（《伦敦2050年基础设施规划》）仍提出要在伦敦东部泰晤士河口地区再建一座大型国际机场，并通过高铁、城铁、高速公路与伦敦市区衔接（图11-1）。国内城市中，北京南部的大兴国际机场以及配套的机场轨道快线、城际铁路、高速公路等工程已陆续投入使用，与现有首都国际机场形成双航空枢纽格局。

其次，未来城市交通设施需要分区域、因地制宜采取完善措施，寸土寸金的中心城区应积极开发立体空间。人口、岗位的增长需要大量新增住宅、办公、商业等建筑支撑，落实在用地上有增量扩张和存量改造两种开发模式。考虑到中心城区已形成功能强大的城市核心，新增用地稀缺，只能通过存量改造来维持供需关系平衡，采取交通设施地下化发展是支撑城市功能升级与品质提升的重要途径之一。大城市的新城区增量扩张应秉持TOD理念，选取疏解能力高的交通设施展开用地布局，围绕公共交通枢纽或轨道交通线路建设外围组团中心和发展走廊。例如，《伦敦2050年基础设施规划》中就提出了通过加强郊区潜力地带开发、中心区改造扩容的双重策略来容纳新增人口与岗位，而关键性的交通支撑设施为"两轴一环"。"两轴"为东西向、南北向贯穿中心城区与郊区的轨道交通线路，其中Crossrail 1（1号横贯线）通过新

---

[1] "全国123出行交通圈"为都市区1小时通勤、城市群2小时通达、全国主要城市3小时覆盖，"全球123快货物流圈"为国内1天送达、周边国家2天送达、全球主要城市3天送达。

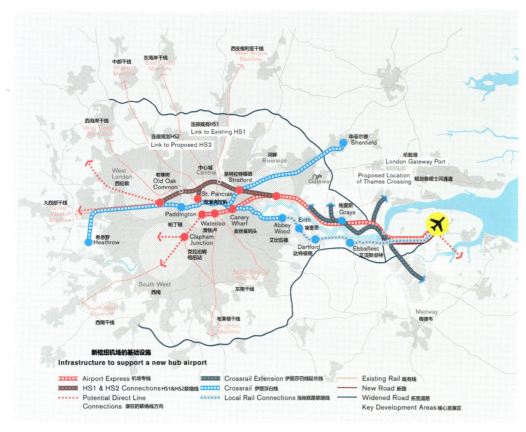

图 11-1 伦敦新机场及其基础设施支撑系统规划
图片来源：Mayor of London "London Infrastructure Plan 2050"

建中心区地下轨道并整合既有铁路，形成东西向横贯城铁项目（又名轨道伊丽莎白线，原计划2018年底通车，但目前尚在建设）；"一环"为计划远期在既有内环线外侧建设新的中央地下环形快速道路，通过分流既有低等级内环线，预期可减少伦敦中央20%的交通拥堵，同步实施环线两侧用地的缝合与再开发，增加城市容量。

再次，坚定不移地贯彻以人为本理念，倡导低碳绿色的出行方式，实现可持续发展。伦敦、哥本哈根等城市的发展经验表明，慢行、公交等绿色出行方式比例的提升对城市生态环境、能源节约利用甚至居民的健康水平都有着积极的促进作用，相关基础设施的硬件环境改善势在必行，需要从用地联系、通道选择、空间分配上全面向绿色出行方式倾斜。对于当前以及今后较长一段时间内，可以实现大众化快速交通的两种主要方式（快速路和轨道交通）而言，应及早确立轨道交通在大城市客运交通中的主体地位，提高城市中心区与主要发展轴向的轨道交通服务水平，从根本上控制小汽车出行需求；另外，也要适时引入交通管理政策，通过抬高中心区小汽车使用成本鼓励出行向公共交通溢出。

11.2 武汉市快速交通的发展展望与规划预留

11.2.1 地下化，利用地下空间完善既有快速路系统，兼顾效率与环境

国内大城市自21世纪以来，在土地资源集约化利用、交通需求持续性增长、轨道交通规

模化建设、地下空间综合化开发等多重背景下,中心城区快速路转向地下发展阶段,地下道路建设呈现出多样化、规模化、网络化的发展趋势。2006年左右北京就提出了"四纵两横"的地下道路网规划,主要用于完善城市路网体系,缓解中心城区交通拥堵压力,每条地下快速路设置4~6个出入口与地面道路系统联系。上海市在优化中心城区骨干道路的过程中按照重点疏通东西、连通南北的思路,规划新增多条地下道路(图11-2),其中上海北横通道等已开工建设并部分通车(图11-3)。

考虑武汉城市发展现状并借鉴国内外一线城市经验,武汉市规划研究院于2015年即开展了全市地下道路网络研究并上报市政府同意,规划预留了"两横两纵"地下道路网络,纳入城

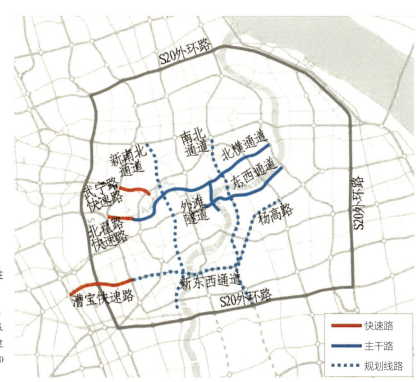

图11-2 上海系统性地下道路规划研究

图片来源:刘艺,朱良成. 上海市城市地下空间发展现状与展望[J]. 隧道建设(中英文), 2020, 40(7): 941-952.

图11-3 上海北横通道新建工程平面图

图片来源:同图11-2。

市规划管理"一张图"进行用地管控,为远期地下道路建设预留空间。该规划聚焦二环内城市中心区交通改善,充分挖掘地下空间潜力,在满足中心城区高品质环境要求的前提下,谋划建设一套成网络的地下快速交通体系,作为地面快速路系统的重要补充和完善,内涵式提升城市交通容量。目前,"两横两纵"中的三阳路隧道段已经建成(图11-4),是世界上首条已通车的公铁合建盾构隧道,在中央电视台《超级工程Ⅱ》纪录片中作为"世界级越江隧道"进行了详细介绍。这条地下大通道建成后将有效加密大武昌地区骨架路网密度,开辟中心城区至南部新城的直达通道,是利用地下空间改善城市交通的典范工程之一。

图11-4 三阳路公铁隧道澳门路出口

11.2.2 生态化，结合城市功能升级实施存量快速路的生态化改造和再利用

可持续发展的快速路系统需要适应城市功能升级提出的新要求，助力实现高品质的居住环境和出行体验，这也是城市在全球范围内吸引人才的资本，快速路的发展需要从"外延式扩张"转向"内涵式提升"。在城市快速扩张期，快速路建设受到的用地限制较小，一般采取高架、地面方式新建规模化的快速路来适应交通发展；而存量阶段下城市土地资源日益稀缺，地上空间需要最大化利用土地价值，考虑到城市更新时期居民对公共空间的需求差异、城市开发建设方式的转变，以及区域发展战略目标的调整等背景，城市快速交通的核心目标不再是单一地追求效率，而是转向效率与环境共赢，从而实现集约化、生态化、低影响的建设。尽管国内各大城市正在大力拓展城市轨道交通网络，但是"直接、直达"的特征奠定了快速路系统在快速交通体系中不可或缺的地位，快速路出行不仅是城市外围居民进入中心区的重要方式，更是城市货运交通及高端商务出行的主要载体。

高质量发展时期，人们对快速路的担忧主要体现在以下方面：一是快速路的服务对象以小汽车为主，相比于公共交通属于高能耗、高排放，不利于城市的低碳、绿色、可持续发展；二是高速行驶的车辆对沿线居民区造成的噪声影响；三是快速路封闭式建设对城市的割裂，如地面快速路两侧用地联系的阻断、高架快速路对城市景观的影响等。对于上述问题可以从政策、技术、工程等多个层面着手进行改善，如可以依托新能源车辆、智能驾驶、工程材料的发展，通过提倡清洁能源车辆的使用来降低污染排放，鼓励共享车辆出行来提高全网机动车使用效率、减少人均出行能耗，推广低噪声路面材料与隔声屏建设来减少噪声影响，改造核心城区现状地面或高架快速路以减少空间分割影响、提升城市环境品质。

早在1991年，美国波士顿就已开启了中央大街隧道工程（Boston's Central Artery/Tunnel Project，CA/T）建设。波士顿是美国东北部新英格兰地区最大的港口城市，也是美国的文化名城，1959年建成的双向6车道中央大街高架穿越城市中心区，设计通行能力7.5万辆/天，而20世纪90年代中后期道路实际交通量已高达19万辆/天，成为美国最拥挤的交通干道，平均拥堵时间超过10个小时，不仅带来严重的噪声和尾气污染，更是割裂了波士顿北区及相邻滨水区与老城中心区的联系。中央大街的地下化改造拆除了既有高架，并在地下新建8~10车道地下隧道，释放出大量土地资源，建成一系列的城市绿地和开敞空间，提高了市民参加社会经济生活的机会，实现了土地的综合立体利用，带动了沿线经济繁荣和港区发展（图11-5）。

西班牙马德里M30环线的改造则是将紧贴曼萨纳雷斯河的地面快速路改造为地下隧道，这一工程除了解决交通问题外，更是担负起推动河流两岸区域城市更新的重任。马德里市政府利用这次交通空间重塑的机会，对沿线区域进行重新规划，隧道上方及河流两岸建设了总长10km、面积120hm^{2}的开放空间，串联了城市既有公共绿地。河面上的桥梁也由5座增至36座，其中一部分是专供行人和自行车通行的慢行桥，长久以来横亘于东西两区之间巨大的

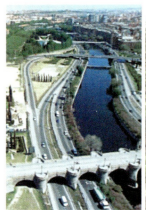

图 11-5　波士顿中央大街改造前后

图片来源：张正军，邓琪. 超大城市地下道路高品质发展策略探索 [M]// 中国城市规划学会城市交通规划学术委员会. 品质交通与协同共治——2019 年中国城市交通规划年会论文集. 北京：中国建筑工业出版社，2019.

图 11-6　M30 环线改造前后

图片来源：ARNÁIZ M，BUENO P. 马德里：城市地下公路与铁路基础设施安全高效发展的全球典范 [J]. 现代隧道技术，2009，46（4）：1-6.

物理屏障变身为缝合城市空间的纽带（图 11-6）。

　　应对城市发展需求，武汉市也在积极谋划部分快速路的生态化改造。例如，三环线汉口段传统上是主城区边界，但随着城市用地发展，三环线以北已形成了金银湖、常青花园、三金潭等多个成熟组团，上述组团与主城区联系日益紧密，但人行、车行均被三环线阻隔，既有快速路建设模式已阻碍城市发展。为了强化汉口主城与临空副城的一体化连通，提升城市建成区空间品质，武汉市正在研究在三环线北段部分节点上方设置跨街高架平台，通过景观平台缝合两侧用地，环线地下化则有利于消除交通噪声和振动影响，实现交通功能与生态景观的双升级，目前园博园跨三环线高架平台已建成（图 11-7）。

11.2.3　智慧化，在以人为本的前提下包容新技术带来效率提升的新机遇

　　近年来互联网与通信技术的快速发展，使得无人驾驶、共享出行极有可能快速普及，对城市道路交通的组织形式会带来极大改变。另外，随着工程技术的发展，一些目前看来难度太大、造价太高的基础设施在未来也极有可能普及。为适应这些变化，从规划角度来看，就需要以创新性的思维谋划未来交通体系，并协调城市用地规划，为未来交通基础设施发展预留可行性。

　　人工智能与自动驾驶作为技术层面的提升，并不一定能解决复杂的城市交通问题，相反对城市交通发展的影响可能具有两面性。积极的一面是有可能通过共享自动行驶车辆来减少车辆总数和机动车出行总量，消极的一面则可能因降低驾驶门槛而刺激私人小汽车拥有量并带来出行量大幅增长，而后者是规划师需要尽量避免的。因此，对于人口高度聚集的大城市而言，在自动驾驶时代，交通战略选择上仍应坚持集约式公共交通的主体地位，街道设计需以人为核心进行，充分考虑城市中多样化、品质化的出行需求，行驶速度、车道宽度、转弯半径、分隔设

施宽度等机动车优先的工程性指标将普遍降低，交通效率提升主要通过智能化管理和运行实现。道路空间规划设计的关注重点转向以客流疏解为主，以建筑边到建筑边的完整空间为设计范围，统筹道路沿线用地、公共交通等级、客流结构及规模等因素，加强各类交通方式的衔接组织，实现出行全过程的效率及成本最优。

另外，交通发展需要紧密关注工程技术水平提升对城市交通建设的影响，如小型化隧道与自动驾驶的结合，或可形成一种低经济成本、低工程难度、适用于改善重点区域定向交通的新型地下交通组织模式。目前世界范围内已有相关尝试探索，如埃隆·马斯克主导建立的 The Boring Company 已在探索一种小型化并与自动驾驶技术结合的地下车行隧道，并在 2016 年开始建设了一条全长 1.8km、设计最高时速约 200km 的试验线路，乘客和车辆通过升降机进入隧道，建立了人、车、地面街道、地下隧道全新的竖向联系方式，开辟了小汽车点对点交通链出行的新思路。在交通工具层面，通过优化盾构设备（小型化的专用新型盾构机）、缩小隧道直径（允许单车通过、更适合自动驾驶车辆运行）、电动车辆运行（隧道内零排放）、复合材料利用（挖掘土方加工成砖，用于隧道支撑）等多种措施，隧道规模和造价都可以大幅度降低，为目前城市中用地条件紧张区域开辟小型化、智能化地下通道提供了多种可能。而在城市交通组织层面，在世界范围内已有多个新城应用基于共享车辆、自动驾驶的个人快速交通系统（personal rapid transit，PRT），如阿布扎比的马斯达尔新城，该城按照零碳理念建设，新城范围内禁止私人机动车出行，并建立了一套个人快速交通系统，提供新城范围内点对点的交通出行。小型化的隧道技术与共享自动驾驶车辆结合，将为未来城市交通模式提供无限可能。

武汉市规划研究院作为武汉市快速交通体系从系统规划到工程实施全周期参与的主要技术力量，既为城市交通发展的成就而欣喜，更为实现城市未来交通的可持续发展而充满期待与信心。交通工具、技术等各方面的技术创新日新月异，新一轮科技变革或将催生自工业革命以来基础设施建设、交通运营治理、城市交通组织等各方面的又一次巨大变革。地下化、生态化、智慧化或许还是一些不尽成熟的思考，但以往的成功经验告诉我们，规划人需要坚持以人为本的交通发展理念，积极拥抱交通技术创新，充分作好空间规划预留，未来城市交通可持续发展将充满无限可能。

图 11-7 园博园暨三环线景观平台

参考文献 Reference

[1] 新浪新闻. 我国流动人口为何十年来大幅增加？全国人口普查办主任回应 [EB/OL].（2021-05-11）[2021-11-20].https：//news.sina.com.cn/c/2021-05-11/doc-ikmyaawc4628567.shtml.

[2] 光明网. 解读"七普"数据：六大特点 [EB/OL].（2021-05-21）[2021-11-20]. https：//m.gmw.cn/baijia/2021/05/21/1302310040.html.

[3] 武汉发布. 武汉市第七次全国人口普查公报发布 [EB/OL].（2021-05-29）[2021-11-20].https：//baijiahao.baidu.com/s?id=1701037556817430511&wfr=spider&for=pc.

[4] 北京大学城市与经济地理学系. 武汉市人口专题研究 [R]. 2014.

[5] 俞明健，游克思. 我国城市地下道路建设进展与趋势 [J]. 城乡建设，2017（1）：60-62.

[6] 刘艺，朱良成. 上海市城市地下空间发展现状与展望 [J]. 隧道建设（中英文），2020，40（7）：941-952.

[7] 刘桂生. 再造城市交通空间 [C]// 科技创新　绿色交通——第十一次全国城市道路交通学术会议论文集，2011.

[8] ARNÁIZ M, BUENO P. 马德里：城市地下公路与铁路基础设施安全高效发展的全球典范 [J]. 现代隧道技术，2009，46（4）：1-6.